HET anti-ageing KOOKBOEK

RECEPTEN OM JONG TE BLIJVEN

teresa cutter

Veltman Uitgevers

Dankbetuiging

Mijn dank gaat uit naar het getalenteerde team van New Holland Publishers: Anouska Good, Sophie Church en Nanette Backhouse. Zij hebben mijn boek tot leven gebracht en me gesteund in mijn ideeën over goed, gezond en mager eten. Ik wil Paul, mijn man, bedanken voor de prachtige foto's. In elke foto zie je zijn oog voor detail en compositie terug. Ik bedank ook Mark, Maggie en Lucy van Cyclops Films voor hun geduld en begrip. En Boris Mitchell van Kodak voor zijn hulp met de onbelichte films.
Ten slotte wil ik Origin Homewares, Dinosaur Design en Empire Homewares bedanken, want dankzij hen had ik een prachtige verzameling borden en schalen tot mijn beschikking voor de presentatie van de gerechten.

Oorspronkelijke titel: The Anti-Ageing Cookbook

Publishing manager: Anouska Good
Senior editor: Sophie Church
Ontwerp: Nanette Backhouse
Productieleiding: Wendy Hunt

Nederlandstalige uitgave:

Vertaling: Saskia Peeters
Redactie: Martha Cazemier (voor Vitataal)
Productie: Vitataal, Oostum
Zetwerk: De ZrIJ, Utrecht
Omslagontwerp: Ton Wienbelt, Den Haag

ISBN 90 5920 189 2

Opmerking van de uitgever

In de recepten worden hoeveelheden vaak aangeduid in theelepels (tl) en eetlepels (el).

1 tl = 5 ml

1 el = 15 ml

De gebruikte eieren zijn van gemiddelde grootte, tenzij anders vermeld.

inhoud

Inleiding: schoonheid komt van binnenuit

Hoe we er vanaf onze jeugd tot aan onze oude dag uitzien, wordt voor een groot deel bepaald door onze genen. We kunnen niet voorkomen dat onze lichamen veranderen als we ouder worden. We kunnen het verouderingsproces niet stoppen, maar we kunnen wel de effecten van het ouder worden vertragen door bepaalde keuzes te maken met betrekking tot onze levensstijl.

Drie factoren spelen een belangrijke rol als we op een aangename manier ouder willen worden: voeding, beweging en ontspanning. Alles wat we eten en drinken, beïnvloedt onze gezondheid en conditie. Door te kiezen voor natuurlijk voedsel dat vers en puur is, blijft het lichaam slank en fit, en ziet u er ook beter uit. Door te bewegen, verbetert de stofwisseling en versterkt u uw lichaam en immuunsysteem. Daardoor bent u in een goede conditie en heeft u meer weerstand tegen ziektes. Bovendien krijgt u zo meer uithoudingsvermogen en zelfvertrouwen, en dat zorgt weer voor meer energie en een kwalitatief beter leven. Als u genoeg beweegt, slaapt u beter, en slaap en ontspanning zijn onontbeerlijk om lichaam en geest op te laden. Met technieken als diep inademen, yoga en mediteren helpt u uw lichaam te ontspannen, vermindert u spanningen en verbetert u uw gemoedstoestand. Massage is heel geschikt om de bloedcirculatie en uitstraling van de huid te verbeteren en spanningen weg te nemen.

Met voldoende beweging en slaap en een bewust, uitgebalanceerd eetpatroon zult u zich gezond en fit voelen, en dat is ook te zien: huid en ogen zien er helder uit, haar en nagels glanzen en zijn sterk, en het lichaam zal slank en krachtig zijn. Door op deze manier uw uithoudingsvermogen en zelfvertrouwen een impuls te geven, kunt u zich voor de rest van uw leven jong voelen.

Waarom is een **gezond** eetpatroon zo belangrijk?

We worden elke dag blootgesteld aan schadelijke stoffen in het milieu door bijvoorbeeld sigarettenrook, straling en uitlaatgassen. Ons eten zit vol conserveringsmiddelen, kleurstoffen en kunstmatige zoetstoffen en we eten dagelijks bewerkte en vette voedingsmiddelen. Hierdoor ontstaan moleculen die we oxidanten en vrije radicalen noemen. Die moleculen kunnen onze cellen aanvallen en hun functie veranderen of vernietigen, wat weer kan leiden tot vroegtijdige veroudering, aderverkalking, hartkwalen, kanker, artritis en andere degeneratieve ziektes. Door te kiezen voor voedsel dat rijk is aan antioxidanten (middelen die vrije radicalen uitschakelen of neutraliseren) bent u veel beter in staat goed gezondheid te blijven en het verouderingsproces te vertragen. Ons lichaam produceert zelf antioxidanten, maar door onze hectische en veeleisende levensstijl kan de voorraad in ons lichaam te klein worden. Daarom is het zo belangrijk om goed en vers voedsel te eten.

Wat zijn de beste voedingsstoffen **om jong te blijven?**

Aminozuren

Proteïne wordt door het lichaam omgezet in aminozuren, die door ons lichaam worden gebruikt om cellen op te bouwen en te repareren. Aminozuren zijn onmisbaar voor onze gezondheid en het goed functioneren van ons lichaam.

Goede bronnen: kip · kalkoen · rundvlees · zeevruchten · eieren · magere melk · yoghurt · hüttenkäse · bonen · linzen · tahoe

Bètacaroteen

Bètacaroteen is een krachtige antioxidant die vrije radicalen in het lichaam neutraliseert en de schadelijke effecten ervan op de cellen tegengaat, en de oxidatie van vetten in het lichaam vermindert (door die oxidatie kunnen de aders dichtslibben).

Goede bronnen: rode, gele en groene groenten (zoals wortels · tomaten · zoete aardappel · rode paprika · kool · broccoli · spinazie · erwten · rode chilipeper) · fruit met oranje vruchtvlees (zoals mango · kanteloep · papaja · verse en gedroogde abrikozen)

Calcium

Het is tijdens ons hele leven van vitaal belang om voldoende calcium binnen te krijgen. Voor kinderen is het belangrijk voor een goede opbouw van de botten en voor volwassenen is het nodig om botontkalking te voorkomen. Het is ook noodzakelijk om de spieren en zenuwen goed te laten functioneren.

Goede bronnen: zuivelproducten · donkergroene bladgroenten · zeewier · tahoe · sardientjes · zalm (ook de graten) · amandelen · volkoren granen · zaden · peulvruchten · noten

Co-enzym Q10

Het co-enzym Q10 helpt het lichaam voedsel om te zetten in energie en het versterkt het hart. Het werkt ook als een antioxidant en speelt een rol in het vertragen van degeneratieve veranderingen.

Goede bronnen: orgaanvlees · vis · plantaardige oliën · tarwekiemen · rijstzemelen · bonen · spinazie broccoli

Foliumzuur

Foliumzuur zorgt voor bepaalde biologische reacties in het lichaam en is noodzakelijk voor de vorming van bloedcellen. Een tekort aan foliumzuur kan leiden tot vermoeidheid, neerslachtigheid en hartkwalen.

Goede bronnen: marmite · peulvruchten (zoals zwartogenboontjes en sojabonen) · volkorengraan (zoals tarwekiemen en havervlokken) · verrijkte ontbijtgranen · sinaasappels · zilvervliesrijst · groene bladgroenten

Omega-3

Omega-3 is een noodzakelijk vetzuur. Uit onderzoek is gebleken dat het waarschijnlijk hart- en vaatziektes, een hoog cholesterolgehalte en hartaanvallen kan helpen voorkomen. Bovendien zou het het begin van type-II-diabetes (ouderdomsdiabetes), bepaalde huidziektes en gewrichtsreuma kunnen voorkomen.

Goede bronnen: vis (zoals zalm · ansjovis · makreel · haring · sardientjes · forel · tonijn) · noten · zaden (zoals lijnzaad)

Selenium

Selenium is een belangrijk sporenelement en een krachtige antioxidant. Het beschermt ons tegen hartkwalen, sommige soorten kanker en vroegtijdige veroudering en bevordert een gezonde huid en gezond haar.

Goede bronnen: biergist · walnoten · linzen · zonnebloempitten · broccoli · kool · uien · knoflook · paddestoelen · volkorenbrood · tonijn uit blik · sardientjes · zalm · zwaardvis · mosselen · paranoten

Vitamine-B-complex

Dit zijn zes in water oplosbare vitaminen die onmisbaar zijn voor de groei en goede ontwikkeling van het zenuwstelsel. Ze zijn ook goed voor de spijsvertering en stabiliseren de stofwisseling van het lichaam.

Goede bronnen: marmite · volkoren granen · zonnebloempitten · noten · nori · eieren · gevogelte · noten · paddestoelen · vette vis · tarwekiemen · peulvruchten

Vitamine C

Vitamine C is een krachtige antioxidant. Uit onderzoek is gebleken dat een hoge inname van vitamine C de slagaders verwijdt en de bloedcirculatie verbetert. Het is ook noodzakelijk om het immuunsysteem gezond te houden en de tekenen van het ouder worden tegen te gaan.

Goede bronnen: appels · peren · citrusvruchten · zwarte bessen · bosbessen · kiwi's · aardbeien · watermeloen · kanteloep · mango · papaja · blauwe druiven · donkere pruimen · rode kersen · rode, gele en groene paprika · rode en groene chilipeper · broccoli · spruitjes · groene en rodekool · sla · tomaten

Vitamine E

Vitamine E is een krachtige antioxidant die de celwanden beschermt tegen oxidatie. Het gaat het dichtslibben van de bloedvaten tegen, verdunt het bloed en helpt ook bij de bescherming tegen hartkwalen en veroudering.

Goede bronnen: tarwekiemen · zonnebloempitten · avocado · kikkererwten · tonijn · zalm · spinazie · paranoten · hazelnoten · amandelen · plantaardige olie · noten · groene bladgroente · graanproducten

Zink

Zink is belangrijk voor een gezonde groei en ontwikkeling, vruchtbaarheid, het genezen van wonden, het versterken van het immuunsysteem en een gezonde huid en gezond haar. Het helpt ook bij de uitschakeling van vrije radicalen in het lichaam.

Goede bronnen: tarwekiemen · lever · oesters · mosselen · zaden · zeewier · noten · rundvlees

Wat is het beste voedsel **om jong te blijven**?

Avocado

Avocado's bevatten veel vet, maar veel daarvan is van het enkelvoudig onverzadigde soort, dat oxidatie tegengaat en vet in ander voedsel neutraliseert. Onderzoek heeft aangetoond dat avocado het cholesterolgehalte verlaagt. Avocado is een goede bron van vitamine B_2, B_3, B_6, C en E en kalium.

Bessen

Bosbessen, zwarte bessen en cranberry's bevatten een enorme hoeveelheid antioxidanten. Bosbessen en cranberry's helpen tegen urineweginfecties.

Broccoli

Broccoli bevat niet alleen een flinke verzameling antioxidanten, maar ook vitamine C en bètacaroteen, waardoor het lichaam beschermd wordt tegen kanker en andere ziektes. Broccoli bevat ook veel foliumzuur en heeft een hoog vezelgehalte en werkt het beste als u het rauw eet of maar kort kookt.

Citrusvruchten

De sinaasappel wordt ook wel omschreven als het complete pakket van natuurlijke kankerremmers. Het is een goede bron van vitamine C, die het collageen aanmaakt dat onmisbaar is voor een gezonde huid, en vitamine C houdt het afweersysteem tegen bacteriële infecties op peil. Grapefruit bevat een uniek soort vezel waarvan uit onderzoek is gebleken dat het het cholesterolgehalte flink kan verlagen. Bovendien helpt het tegen aderverkalking.

Druiven

Rode en blauwe druiven bevatten twintig bekende antioxidanten die samen de vrije radicalen tegengaan die veroudering en ziektes veroorzaken. De antioxidanten zitten in de schil en de pitten.

Gember, kurkuma en zwarte peper

Gember verbetert de bloedcirculatie en helpt misselijkheid voorkomen. Kurkuma werkt als ontstekingsremmer en antioxidant voor de lever, terwijl zwarte peper helpt om de bloedsuikerspiegel te stabiliseren.

Ginseng

Ginseng is een sterk kruid dat wordt gebruik om weerstand en welzijn te bevorderen en stress tegen te gaan. Gebleken is dat ginseng goed is tegen vroegtijdige veroudering.

Groene thee

Groene thee is rijk aan antioxidanten. Onderzoek heeft aangetoond dat mensen die dagelijks één of twee koppen groene thee drinken, minder kans op bepaalde soorten kanker hebben.

Kool

Koolsoorten (inclusief paksoi) bevatten antioxidanten en stoffen die kanker tegengaan. Uit onderzoek is gebleken dat mensen die één keer in de week kool eten 66 procent minder kans op darmkanker hebben dan mensen die één keer in de maand kool eten. Bovendien is kool een goede bron van vitamine C en belangrijke vezels. Rauwe of kort gekookte kool geeft het beste resultaat.

Peulvruchten

Uit onderzoek is gebleken dat regelmatige consumptie van peulvruchten, met name van linzen en sojabonen, de kans op kanker verkleint. Sojabonen zijn een uitstekende bron van vetarme proteïnen. Ze worden verwerkt in voedingsmiddelen als miso, sojamelk, tahoe en tempé.

Rode wijn

Een glas rode wijn geeft een behaaglijk gevoel en bovendien heeft onderzoek aangetoond dat het het slechte LDL-cholesterolgehalte tot 46 procent kan verlagen en het goede HDL-cholesterolgehalte tot 24 procent kan verhogen.

Spinazie

Spinazie staat samen met andere groene bladgroenten boven aan de lijst van voedsel dat kanker het beste tegengaat. Het is een zeer goede bron van antioxidanten en heeft een hoog foliumzuurgehalte.

Tomaten

Tomaten zijn de rijkste bron van lycopeen die we kennen, waaraan ze hun rode kleur te danken hebben. Lycopeen is krachtiger in gekookte tomaten en tomaten uit blik dan in rauwe tomaten. Het schijnt dat lycopeen mentale en fysieke stoornissen bij oudere mensen kan helpen voorkomen en dat het bovendien de kans op prostaat-, alvleesklier- en baarmoederhalskanker kan verkleinen.

Uien en knoflook

Uien en knoflook helpen kanker voorkomen, verdunnen het bloed door stolling tegen te gaan en verhogen het goede HDL-cholesterolgehalte. Ze bevatten ook antibacteriële en ontstekingsremmende middelen tegen verkoudheid en griep. Eet bij een flinke griep eens twee boterhammen met daartussen een fijngestampt teentje knoflook (houd er wel rekening mee dat uw adem sterk kan gaan ruiken).

Vis

Vis – vooral zalm, zwaardvis, ansjovis, haring, makreel, sardientjes en tonijn – is de bekendste bron van omega-3-vetzuren (zie pagina 6).

Wortels

Wortels bevatten veel vitamine A en C en vormen een goede bron van belangrijke vezels. Onderzoek heeft uitgewezen dat door het eten van een paar wortels per dag het bloedcholesterol tot tien procent kan worden verlaagd. Het bètacaroteen in wortels werkt als krachtig middel tegen veroudering en ziektes. Mensen met een laag bètacaroteengehalte in hun bloed hebben meer kans op een hartaanval, beroerte en verschillende soorten kanker.

Zeewier

De bekendste soorten zeewier zijn kombu, wakame en nori. Zeewier is rijk aan belangrijke mineralen en bevat een enzym dat helpt bij het afbreken van cholesterol. Volgens onderzoek kan het ook bepaalde soorten kanker helpen voorkomen. Voeg kombu eens toe aan bouillons, soepen en stoofschotels. Dat verhoogt de voedingswaarde van het gerecht.

Water

Water is onmisbaar om ons lichaam optimaal te laten functioneren. We moeten dagelijks twee tot drie liter zuiver water drinken om ons lichaam te helpen met de spijsvertering, het transport van voedingsstoffen en de uitscheiding van afvalstoffen. Veel mensen drinken te weinig water, wat tot uitdroging kan leiden, want het lichaam wordt gedwongen vocht vast te houden. Uitdroging kan leiden tot vermoeidheid en lusteloosheid doordat er steeds meer afvalstoffen in het bloed komen. Het drinken van zuiver water is ook een prima middel tegen veroudering. Water houdt de huid gehydrateerd, soepel en fris. Bovendien beheerst het de eetlust en voorkomt het plotselinge eetaanvallen. Het is goed om voor, tijdens en na het sporten te drinken om de vochtvoorraad op peil te houden. (Het lichaam verliest ongeveer twee liter vocht per dag door transpiratie en uitademing.)

Hoe kan ik **gezonder** eten kiezen?

Deze lijst bevat vette voedingsmiddelen en gezondere alternatieven.

Boter Lecithine, avocado, tahin, olijfolie, magere mayonaise, mosterd, hummus

Cake Vetarme cake van volkorenmeel en onverzadigde oliën

Saladedressings Azijn en olijfolie, kruiden, magere yoghurt, sap van citrusvruchten

Gefrituurd eten Gebakken, gegrild, gepocheerd of gestoomd eten

Hamburgers Zelfgemaakte burgers van mager gehakt, vis, kalkoen- of kipgehakt, of groenteburgers met linzen, bonen of tahoe

Mayonaise Magere yoghurt, smeerbare tahoe, hüttenkäse, tahin, magere mayonaise

Chips Pretzels, rijstcrackers en rauwkost

Zure room Magere yoghurt, tomatensalsa, hüttenkäse

Groente met boter of vette sauzen Gestoomde groente met kruiden en citroensap, geroerbakte groente met soja- of oestersaus, in kippenbouillon gesmoorde groente op smaak gebracht met zwarte peper en tuinkruiden

Omelet Een omelet van eiwitten met champignons, kruiden en tomaat, of gebruik 1 eidooier op 3 eiwitten

Volle melk Halfvolle of magere melk, rijstmelk of sojamelk

Kaas Vetarme kaas, of gebruik een beetje kaas met een sterke smaak, zoals verse parmezaanse kaas

Hoe kan ik **optimaal profiteren** van voedsel om jong te blijven?

Het eten van goede voedingsmiddelen is nog maar het begin. Het is net zo belangrijk om het voedsel goed en eenvoudig te bereiden, zonder te veel verzadigde vetten en op een manier waardoor de voedingswaarde behouden blijft.

De bereidingswijzen die in dit boek worden gebruikt, zijn stomen, pocheren, roerbakken, grillen, roosteren, stoven en smoren. Dit zijn de beste manieren om ervoor te zorgen dat zo veel mogelijk belangrijke voedingsstoffen behouden blijven. Bovendien wordt zo de natuurlijke smaak van vers voedsel versterkt. Het is niet nodig de smaak te versterken met grote hoeveelheden boter of vette sauzen. Vitamine B en C zijn in water oplosbaar. Als groente wordt gekookt, komen deze vitaminen in het water terecht, iets wat bij stomen en roerbakken wordt vermeden. Stoven en smoren zijn ook goede methoden, omdat het kookvocht deel uitmaakt van het uiteindelijke gerecht. Roosteren en grillen zijn erg geschikt om groenten en vlees en vis te bereiden, maar let wel goed op dat het voedsel niet te gaar wordt of verbrandt. Onderzoek heeft namelijk aangetoond dat verbrand eten kankerverwekkend kan zijn.

Bij de bereiding van alle voedingsmiddelen, maar vooral bij vis, moet u ervoor zorgen dat de ingrediënten niet gaarder worden dan nodig is. Proteïnerijk voedsel als vlees en vis wordt taai als het te lang wordt gekookt, en bovendien kunnen de smaken dan niet goed in het vlees trekken. Daarnaast gaan er ook nog eens voedingsstoffen verloren als voedsel te gaar wordt (met name bij groenten). Groenten moeten tijdens het opdienen nog stevig en knapperig zijn en fris van kleur.

Het drinken van vers sap is een goede, eenvoudige en gemakkelijke manier om ervoor te zorgen dat het lichaam dagelijks alle goede stoffen uit vers fruit en verse groenten opneemt. Het reinigt het lichaam, levert bouwstoffen en laadt het lichaam weer op. Om zo veel mogelijk voedingsstoffen binnen te krijgen, moet u het sap zo vers mogelijk drinken. Gebruik zo veel mogelijk biologische groente- en fruitproducten en boen ze goed schoon onder koud, stromend water. Het is het beste om sap te maken van hele, ongeschilde vruchten of in stukken gesneden groenten. De meeste voedingsstoffen zijn in of vlak onder de schil opgeslagen. Drink het sap daarna direct op, want dan zijn er nog geen vitaminen en enzymen verloren gegaan door het oxidatieproces. Zie het hoofdstuk Aqua voor saprecepten.

Tien **leefregels** om gezond en jong te blijven

1 Eet elke dag gevarieerde, verse, **natuurlijke** producten. Dat is de beste manier om ervoor te zorgen dat u genoeg belangrijke voedingsstoffen binnenkrijgt om de cellen te voeden. Koop altijd de beste kwaliteit en de verste ingrediënten die u kunt vinden en bewaar verse ingrediënten niet langer dan een paar dagen (de voedingswaarde wordt na verloop van tijd minder).

2 Eet regelmatig en houd de porties klein. Het is beter om vijf of zes kleine maaltijden per dag te eten dan twee of drie grote. Zorg ervoor dat u halverwege de middag de meeste calorieën binnenkrijgt en kies voor het avondeten koolhydraatarm voedsel. Op die manier houdt u uw stofwisseling **actief** en blijft u slank.

3 Leer om **eenvoudig** en licht te koken. De beste vetarme bereidingswijzen zijn stomen, pocheren, smoren, bakken, grillen en roerbakken. Door gerechten te bereiden zonder toevoeging van (te veel) vet en kunstmatige smaakstoffen kunt u pas echt genieten van gezond, vers voedsel.

4 Kies **magere** producten. Er zijn nu zo veel goede magere producten verkrijgbaar dat het helemaal niet nodig is om nog vette producten te kopen.

5 Gematigdheid en variatie zijn de sleutel tot een **gezond** eetpatroon. Prop uw lichaam niet vol met te veel van hetzelfde.

6 Drink, drink, drink. **Water** is van essentieel belang.

7 Probeer in een rustige omgeving te eten. Eet langzaam en geniet van elke hap. Op die manier blijft u tijdens het eten **ontspannen.** Geniet van uw eten en uw lichaam zal u dankbaar zijn.

8 **Vermijd** geconserveerde voedingsmiddelen en voedingsmiddelen die veel kunstmatige kleur- en smaakstoffen bevatten. Veel magere producten zitten er vol mee, dus lees de etiketten.

9 Maak van gezond eten en leven uw dagelijkse **levensstijl** voor de rest van uw leven. Onthoud dat er geen snelle weg is naar een goede gezondheid en welzijn. Een positieve houding is de beste manier om uw doel te bereiken.

10 Probeer de rest van uw leven elke dag even te **bewegen.** Richt u op krachttraining, lenigheid en een gezond hart en gezonde bloedvaten.

opladen

ontbijt-gerechten

Ontbijtcouscous met zongedroogd fruit en kaneelsojamelk

200 g couscous
geraspte schil van 1 sinaasappel
2,5 dl ongezoet appelsap
5 dl sojamelk verrijkt met calcium
1 kaneelstokje
150 g zongedroogde appels, abrikozen en perziken, gemengd
2 el gehakte walnoten
geconcentreerd appelsap (naar keuze)

Doe couscous, sinaasappelrasp, appelsap, sojamelk, kaneelstokje en gedroogd fruit in een steelpan, meng goed en breng aan de kook. Laat alles 5-10 min. zacht koken tot de couscous de melk heeft opgenomen en zacht is. Schep in schaaltjes en bestrooi met walnoten. Besprenkel eventueel met wat geconcentreerd appelsap.

Voor 4 personen

Honing-kokoswafels met mango en aardbeien

130 g biologische bloem
80 g biologisch volkorenmeel
¼ tl zuiveringszout
1 tl bakpoeder
50 g kokossnippers
5 dl magere karnemelk
1 el zuivere honing
2 tl vanille-extract
1 tl kaneelpoeder
2 eiwitten (van scharreleieren), tot zachte pieken geklopt
2 bakjes (500 g) aardbeien, gewassen en gehalveerd
sap van 1 limoen
2 el geconcentreerd appelsap
2 mango's, geschild en in plakken

Zeef boven een schaal bloem, meel, zuiveringszout en bakpoeder. Voeg de kokossnippers toe en roer de karnemelk, honing, vanille en kaneel er rustig door tot er een glad beslag ontstaat. Schep de eiwitten erdoor. Verwarm een wafelijzer, bestrijk het met olie en bak de wafels goudbruin.

Meng aardbeien, limoensap en appelsap en schep dit mengsel over de wafels. Garneer alles tot slot met de plakken mango.

Voor 10 wafels

Tropische Bircher-muesli

90 g havervlokken
2 el tarwekiemen
1 groene appel met schil, gewassen en geraspt
2,5 dl ongezoet appelsap
2,5 dl magere sojamelk
geraspte schil van 1 mandarijn
90 g gehakt zongedroogd fruit (peer, perzik, mango en appel)
2 el paranoten, geschaafd

Meng alle ingrediënten en zet alles ten minste 1 uur of een hele nacht in de koelkast. Schep het mengsel in schaaltjes en dien het op.

Voor 2 personen

Bosbes-bananensmoothie

5 dl ijskoude afgeroomde melk of sojamelk
1 kop fijngestampt ijs
1 el haverzemelen
2 volle el proteïnepoeder
1 rijpe banaan
1 tl honing
1 bakje (250 g) bosbessen

Meng melk, ijs en haverzemelen tot een glad mengsel. Voeg proteïnepoeder, banaan, honing en bosbessen toe en meng. Drink meteen op.

Voor 2 personen

Papaja-passievrucht-yoghurtparfait

440 g geschilde en gehakte papaja
vruchtvlees van 4 passievruchten
120 g geroosterde muesli
2 x 200 g magere vanilleyoghurt

Meng in een schaal de papaja en de passievruchten. Verdeel het mengsel over twee glazen en schep de muesli en yoghurt erover. Seveer meteen.

Voor 2 personen

Bosbessen-pannenkoekjes

60 g biologisch volkorenmeel
100 g biologisch ongebleekt meel
2 tl bakpoeder
sap en geraspte schil van 1 sinaasappel
2,5 dl magere melk
2 tl vanille-extract
2 eiwitten (van scharreleieren), tot zachte pieken geklopt
320 g verse of ingevroren bosbessen, plus extra voor erbij
1-2 tl macadamianotenolie of druivenpitolie
ahornsiroop, voor erbij

Meng in een schaal beide soorten meel en het bakpoeder. Voeg sinaasappelsap en -schil, melk en vanille-extract toe en meng alles tot een glad beslag. Schep de eiwitten en bosbessen erdoor.

Verwarm de macadamianotenolie in een koekenpan met anti-aanbaklaag en schep er wat lepels beslag in. Bak de pannenkoekjes aan elke kant in 1-2 min. goudbruin.

Leg ze op een bord en dek ze af met aluminiumfolie. Houd ze warm in een matig warme oven terwijl u de rest van het beslag bakt. Leg wat pannenkoekjes op elk bord, schep er wat bosbessen op en geef er de ahornsiroop er apart bij.

Voor 10 pannenkoekjes

Rijstepap met stukken banaan en honing

180 g kortkorrelige rijst
geraspte schil van 1 sinaasappel
1 l afgeroomde melk
2,5 dl water
4-5 el fructose
snufje zout
banaan in plakjes
honing
afgeroomde melk, voor erbij (naar keuze)

Doe rijst, sinaasappelrasp, melk en water in een pan met dikke bodem. Breng aan de kook, draai het vuur laag en dek de pan af. Laat alles 20-25 min. zacht koken tot de rijst zacht en romig is. Doe de fructose en het zout erbij. Schep de rijstepap in schaaltjes en garneer hem met de plakken banaan en een scheutje honing. Serveer er eventueel wat extra melk bij.

U kunt de pap enkele dagen van tevoren maken en in de koelkast bewaren. Warm hem voor het opdienen op of eet hem lekker koud.

Voor 6 personen

Biologisch kaneel-vruchtenbrood

500 g ongebleekt biologisch meel
1 tl zeezout
15 g verse gist of 7 g gedroogde gist
2 el suiker
3 dl warm gefilterd water
2 el macadamianotenolie of druivenpitolie
450 g gedroogde vruchten (zoals perziken, peren, abrikozen, rozijnen)
80 g paranoten, geschaafd
1 tl kaneelpoeder

Doe meel, zout, gist en suiker in een kom en meng alles goed (de gist moet door het meel worden opgenomen). Giet het water en de olie erbij en kneed er in ca. 9 min. een glad en elastisch deeg van. Dek de kom af met plasticfolie of een theedoek en laat het deeg op een warme plaats 1-1½ uur staan tot het in omvang is verdubbeld.

Voeg de vruchten, noten en kaneel toe en kneed alles door het deeg. Verdeel het deeg in twee porties en vorm er twee broden van, of doe het deeg in twee broodbakblikken van 12 x 23 cm. Laat het op een warme plaats 1 uur rijzen. Verwarm de oven voor op 180 °C.

Bak de broden 40 min. tot ze door en door gaar en goudbruin zijn. (Controleer de broden na ca. 20 min. en dek ze af met aluminiumfolie als ze te donker worden.) Laat ze op een rooster afkoelen en serveer ze met pompoenboter.

Voor 2 broden

Pompoenboter

500 g pompoen, in stukken
40 g donkerbruine suiker
½ tl kaneelpoeder
snufje nootmuskaat
snufje gemberpoeder
sap van 1 limoen
1 tl geraspte sinaasappelschil

Verwarm de oven voor op 200 °C. Wikkel de stukken pompoen in aluminiumfolie en bak ze in 40 min. zacht. Doe ze heet in een keukenmachine en pureer ze tot een gladde massa. Doe de massa in een kleine pan, voeg suiker, specerijen, limoensap en sinaasappelrasp toe en laat 15 min. zacht koken tot het een dikke, gladde massa is. Laat afkoelen. In de koelkast blijft de boter afgedekt vijf dagen goed.

Voor 1½ kop

Misosoep met rijst, tahoe en groenten

1 l kippen- of groentebouillon
1 tl wakamevlokken
2 el witte misopasta
2 stronkjes paksoi, gewassen en gehalveerd
1 rode paprika, in ringen
300 g gare biodynamische rijst
180 g zachte tahoe, in plakken

MISO *is een rijke pasta van gefermenteerde sojabonen. De twee meest gebruikte soorten zijn lichte (witte) en donkere (rode) miso.*

Verwarm de bouillon en voeg de wakamevlokken toe. Meng wat bouillon door de misopasta zodat deze oplost. Giet dit bij de soep.

Doe de paksoi en paprika erbij en laat de soep 2 min. zacht koken. Verdeel voor het opdienen de rijst over vier soepkommen. Schep de soep, paksoi en paprika erover en leg de plakjes tahoe erbovenop.

Voor 4 personen

Kedgeree

220 g zalm uit blik
150 g gare biodynamische rijst
1 el gehakte paranoten
2 el gehakte koriander
4 hardgekookte eiwitten (van scharreleieren), gehakt
2 lente-uitjes, in ringen
1 rode paprika, in kleine stukjes
220 g gare maïs
sap van 1 citroen
2 tl lijnzaadolie
zout en peper, naar smaak

Doe alle ingrediënten in een schaal en meng goed. Schep het mengsel in schaaltjes en serveer het warm of koud.

Voor 2 personen

Appel-bosbessenmuffins

120 g biologische bloem
120 g biologisch volkorenmeel
1 tl kaneelpoeder
snufje zeezout
120 g ruwe suiker
3 eiwitten (van scharreleieren)
3 dl appelmoes
60 ml afgeroomde melk
60 ml macadamianotenolie of druivenpitolie
60 g gehakte walnoten
250 g verse of diepvriesbosbessen

Verwarm de oven voor op 180 °C. Doe meel, bloem, kaneel, zout en suiker in een kom en meng alles goed. Voeg de eiwitten, appelmoes, melk, olie en walnoten toe en meng tot alles net bindt. Roer de bosbessen er voorzichtig door. Schep het beslag in muffinvormpjes en bak de muffins in 25-30 min. gaar en goudbruin. (Bak de muffins niet te gaar, ze moeten iets vochtig blijven.)

Voor 12 muffins

Bananenbrood

3 rijpe bananen, gepureerd
2 tl vanille-extract
4 eiwitten (van scharreleieren)
2 el macadamianotenolie of druivenpitolie
120 g ruwe suiker
snufje zeezout
1 tl kaneelpoeder
250 g biologisch volkorenmeel
2 tl bakpoeder
60 g gehakte walnoten
90 g rozijnen

Verwarm de oven voor op 180 °C. Meng bananen, vanille-extract, eiwitten, olie, suiker, zout en kaneel. Voeg meel, bakpoeder, walnoten en rozijnen toe en schep het beslag in een broodbakblik van 21 x 11 cm. Bak het in 40-50 min. goudbruin en laat het afkoelen op een rooster.

Voor 1 brood

Brood met tangelo, jasmijnthee, vruchten en walnoten

1,25 dl hete, sterke jasmijnthee
500 g gemengde gedroogde vruchten (zoals rozijnen, peren, abrikozen en perziken)
1,25 dl zuivere honing
2 dl vers geperst tangelosap (gebruik sinaasappels of mandarijnen als u geen tangelo's kunt krijgen)
geraspte schil van 2 tangelo's
2 eiwitten (van scharreleieren)
2 el macadamianotenolie of druivenpitolie
370 g volkorenmeel
30 g tarwekiemen
2 tl bakpoeder
snufje zeezout
60 g gehakte walnoten

Giet de hete thee over de gedroogde vruchten en laat ze 1 uur staan. Verwarm de oven voor op 180 °C. Doe honing, tangelosap en -rasp, eiwitten en olie bij de vruchten en meng alles goed. Voeg bloem, tarwekiemen, bakpoeder, zout en walnoten toe en meng alles goed. Schep het deeg in een broodbakblik van 12 x 23 cm en bak het in 45 min. gaar. (Dek het brood af met aluminiumfolie als het te snel bruin wordt.) Laat op een rooster afkoelen en serveer op kamertemperatuur.

Voor 1 brood

Gegrild fruit op citroengrasspiesen met vanilleyoghurt

2 stengels citroengras, schoongemaakt (of geweekte houten spiesen)
4 stukken banaan
4 stukken ananas
4 stukken kanteloep
1 limoen, gehalveerd
2 tl honing
magere vanilleyoghurt, voor erbij

Steek de stukken fruit aan de stengels en leg ze op een bakplaat. Knijp het limoensap erover uit en druppel de honing erover. Gril het fruit 2 min. en serveer met de vanilleyoghurt.

Voor 1 persoon

Warme appel-bessen-haver-crumble

440 g ongezoete appel uit blik
2 bakjes (500 g) gemengde bessen
1 el ruwe suiker
90 g havervlokken
3 el ahornsiroop
2 el gehakte walnoten
1 el macadamianotenolie of druivenpitolie
magere vanilleyoghurt, voor erbij

Verwarm de oven voor op 180 °C. Meng de appel, bessen en suiker en schep alles in een vuurvaste schaal. Meng de overige ingrediënten en strooi het over het appel-bessenmengsel. Bak het in 25-30 min. goudbruin en serveer het warm of lauw met vanilleyoghurt.

Voor 4-6 personen

Spinazie-kruiden-eiwitfrittata

250 g magere ricotta
250 g spinazie, gewassen en gehakt
1 bosje bieslook, fijngehakt
2-4 el koriander, fijngehakt
1 tl zeezout
zwarte peper, naar smaak
10 eiwitten (van scharreleieren)

Schep de ricotta in het midden van een schone theedoek of een stuk kaasdoek. Trek de uiteinden bij elkaar en leg de doek een vergiet die in een schaal hangt. Leg er een zwaar bord op. Zet het ca. 4 uur of een hele nacht in de koelkast.

Verwarm de oven voor op 180 °C.

Pureer de uitgelekte ricotta, spinazie, koriander, het bieslook en wat zout en peper in een keukenmachine. Schraap het mengsel van de zijkanten en doe de eiwitten erbij. Laat de machine nog even draaien en giet het mengsel dan in een met vetvrij bakpapier bekleed bakblik. Bak het mengsel in ca. 40 min. stevig.

Haal het blik uit de oven, laat het 5 min. staan en haal de frittata eruit. Snijd hem in punten en serveer ze.

Voor 4 personen

Meloen met honing en limoen

220 g blokjes suikermeloen
220 g blokjes kanteloep
220 g blokjes watermeloen
sap van 2 limoenen
1 volle tl honing
magere vanilleyoghurt, voor erbij

Meng de blokjes meloen en verdeel ze over twee schaaltjes. Meng het limoensap en de honing en druppel dit over het meloenmengsel. Geef er vanilleyoghurt bij.

Voor 2 personen

Gebakken nashi-peren met krokante walnoten en zongedroogd fruit

60 g gehakte walnoten
50 g gehakte zongedroogde peren
50 g gehakte zongedroogde perziken
geraspte schil van 1 sinaasappel
¼ tl kaneelpoeder
4 nashi-peren, zonder klokhuis, in de lengte ingekerfd (gebruik appels als u geen nashi-peren kunt krijgen)
7,5 dl ongezoet appelsap
magere yoghurt en ahornsiroop, voor erbij

Verwarm de oven voor op 180 °C. Doe de walnoten, het fruit, de sinaasappelrasp en kaneel in een kom en meng alles. Vul de nashi-peren met het mengsel en zet ze in een ovenschaal. Giet het appelsap erover en bak de peren in 15-20 min. goudbruin. Serveer ze warm, geef er yoghurt bij en druppel er wat ahornsiroop over.

Voor 4 personen

Toast met roereiwit en gebakken paddestoelen

100 g paddestoelen (zoals shii-takes, champignons), in plakjes
½ rode paprika, in blokjes
1 el gehakt bieslook
1 el zoutarme sojasaus
4 eiwitten (van scharreleieren)
1 el water
zeezout en peper, naar smaak
2 el magere ricotta of hüttenkäse
geroosterd volkorenbrood, voor erbij

Sauteer de paddestoelen in een beetje water in een pan met anti-aanbaklaag tot ze zacht zijn. Voeg paprika, bieslook en sojasaus toe en laat alles heet worden. Zet apart. Doe de eiwitten, het water en zout en peper in een kom en klop alles luchtig. Verwarm een steelpan met anti-aanbaklaag op matig vuur. Bak de eiwitten al roerend met een houten lepel tot de zachte, vochtige vlokken romig zijn. Schep de ricotta of hüttenkäse door het roerei en schep alles op de volkorentoast, met erbovenop de paddestoelen. Serveer meteen.

Voor 1 persoon

Ricotta-maïs-tomaten-quesadilla

1 ui, in ringen
2 teentjes knoflook, gehakt
½ tl paprikapoeder
150 g maïs
1 rode paprika, in blokjes
2 tomaten, in blokjes
2 lente-uitjes, in ringen
4 maïstortilla's
gekneusde peperkorrels
2 volle el gladde magere ricotta of hüttenkäse

Verwarm de oven voor op 220 °C. Bak de ui en knoflook snel goudbruin en voeg dan paprikapoeder, maïs en paprika toe. Bak alles nog 1 min. Haal de pan van het vuur en schep de tomaat en lente-ui erdoor.

Leg twee tortilla's op een licht ingevette bakplaat. Schep het maïs-tomatenmengsel erop en bestrooi met gekneusde peper. Besmeer de andere twee tortilla's met de ricotta of hüttenkäse. Leg ze op het maïsmengsel en maak zo een quesadilla. Leg er een bord of bakplaat op, zodat de quesadilla plat wordt. Bak ze 15-20 min. (laat het bord of de bakplaat erop liggen) en snijd de quesadilla in punten. Serveer ze warm.

Voor 2 personen

natuurlijk

oppeppende
salades en
groenten

Borlottibonensalade met parmezaantoast

440 g borlottibonen uit blik
2 lente-uitjes, in ringen
2 teentjes knoflook, gehakt
1 groene paprika, in repen
2 el gehakt bieslook
4 el balsamicoazijn
flink wat gemalen zwarte peper

Toast

2 dunne sneetjes volkoren zuurdesembrood
2 el versgeraspte parmezaanse kaas

Verwarm de oven voor op 180 °C. Meng alle ingrediënten en zet apart. Strooi de parmezaanse kaas over het brood en bak het in 10-15 min. goudbruin. Haal het brood uit de oven, laat het afkoelen en serveer het met de salade.

Voor 2 personen

Knapperige sperziebonensalade

220 g sperziebonen, kort gestoomd
2 tomaten, zonder zaadjes en in plakjes
½ rode ui, in ringen
2 lente-uitjes, in ringen
250 g taugé
cashewnoten en korianderblaadjes, als garnering (naar keuze)

Dressing

1 el gehakte koriander
2 teentjes knoflook, gehakt
2 tl vissaus
sap van 2 limoenen
1 rode chilipeper, gehakt
1 tl honing

Meng alle ingrediënten voor de dressing en zet deze apart. Doe de bonen, tomaat, ui, lente-uitjes en taugé in een kom, giet de dressing erover en schep alles goed om. Garneer naar wens met geroosterde cashewnoten en korianderblaadjes.

Voor 2 personen

Salade van guacamole, komkommer en gerookte zalm met tomatensalsa

100 g gerookte zalm, in reepjes
1 komkommer, geschild en in de lengte met een dunschiller in repen gesneden

Guacamole

½ avocado, fijngehakt
2 lente-uitjes, in ringen
¼ kleine rode chilipeper, fijngesneden
sap van 1 citroen
snufje zout en versgemalen zwarte peper
1 el gehakte koriander

Salsa

2 tomaten, ontveld, zonder zaadjes en in blokjes
½ rode paprika, in blokjes
½ rode ui, gesnipperd
2 teentjes knoflook, geperst
sap van 2 limoenen
1 tl suiker
zeezout en peper, naar smaak

Doe de ingrediënten voor de guacamole in een kom en meng alles goed. Schep wat guacamole op borden en gebruik een ronde uitsteekvorm als 'mal'. Leg eerst de reepjes gerookte zalm erop en dan de lange repen komkommer. Meng de ingrediënten voor de salsa en schep dit naast de guacamole. Serveer meteen.

Voor 2 personen

Kikkererwten-groentecurry met tahoe

2 uien, in ringen
1 l groentebouillon
4 teentjes knoflook, geperst
2 tl kerriepoeder
440 g kikkererwten uit blik
½ bloemkool, in roosjes
1 stronkje broccoli, in roosjes
250 g spinazie, gewassen
2 tomaten, in stukjes
300 g stevige tahoe, in blokjes
gestoomde zilvervliesrijst, voor erbij

Verwarm een pan met anti-aanbaklaag op hoog vuur. Sauteer de uien in wat bouillon tot ze zacht zijn. Voeg knoflook en kerriepoeder toe en sauteer alles 1 min. Doe de rest van de bouillon, de kikkererwten, bloemkool en broccoli erbij. Laat alles 5-10 min. zacht koken tot de groenten zacht zijn en voeg dan de spinazie, tomaat en tahoe toe. Verhit alles tot de spinazie is geslonken en de tahoe warm is. Breng op smaak en serveer in kommen, met gestoomde zilvervliesrijst.

Voor 4 personen

Biodynamische rijst-tonijnsalade

150 g gare biodynamische rijst
snufje zeezout en versgemalen zwarte peper
250 g tonijn in (bron)water uit blik, uitgelekt
1 gele paprika, in blokjes
geraspte schil en sap van 1 citroen
2 teentjes knoflook, geperst
2 el gehakt bieslook
3 lente-uitjes, in ringen
2 el gehakte peterselie
1 el gehakte koriander
1 tl vissaus (naar keuze)
1 el sojasaus
1 tl sesamolie

Doe alle ingrediënten in een kom en schep ze voorzichtig door elkaar. Zet de salade tot gebruik afgedekt in de koelkast.

Voor 2 personen

Gado gado met tahoe

250 g asperges
2 wortels, geschild en in reepjes
2 rode paprika's, in reepjes
2 gele paprika's, in reepjes
1 komkommer, in reepjes
150 g peultjes
150 g taugé
440 g stevige tahoe, in stukjes
1 krop ijsbergsla

Pindasaus

1 ui, gesnipperd
4 teentjes knoflook, geperst
1 rode chilipeper, zonder zaadjes en fijngesneden
4 volle el pindakaas
2 el zoutarme sojasaus
2,5 dl water
1,25 dl magere kokosmelk

Kook de ui, knoflook en chilipeper in wat water zacht. Voeg pindakaas, sojasaus, water en kokosmelk toe en laat alles op laag vuur koken tot het is gemengd. Schep de rauwe groenten en de tahoe door elkaar en vul bladeren ijsbergsla met dit mengsel. Schep er wat pindasaus over en serveer.

Voor 6 personen

Chilikipsalade met komkommer en geroosterde cashewnoten

90 g gepocheerd kippenvlees
1 handvol jonge spinazie, gewassen en gedroogd
20 g waterkers
½ rode ui, in dunne ringen
1 rode paprika, in reepjes
1 lente-uitje, in ringen
30 g komkommer, in plakjes
2 el gehakte koriander
2 el gehakte geroosterde cashewnoten

Dressing

1 teentje knoflook, geperst
1 rode chilipeper, fijngesneden
sap van 2 limoenen
2 tl vissaus
2 tl sojasaus
1 tl honing

Voor de dressing: meng de knoflook en chilipeper. Voeg limoensap, vissaus, sojasaus en honing toe en meng alles goed. Zet de dressing apart. Scheur de gare kip in stukken en doe ze in een schaal. Doe de rest van de ingrediënten erbij, giet de dressing erover en meng goed.

Voor 1 persoon

Gestoomde groenten met wakame en miso-sesamdressing

500 g gemengde groenten (zoals peultjes, babymaïs, broccoli, asperges, paksoi, courgette, wortel)
1 el gedroogd wakame-zeewier

Dressing

1 el witte misopasta
1 el zoutarme sojasaus
1 tl sesamolie
1 el mirin
4 el water

Was de groenten, snijd ze in even grote stukken en stoom ze in ca. 5 min. zacht. Week intussen de wakame 3 min. in een beetje heet water tot hij zacht is. Meng de ingrediënten voor de dressing en zet deze apart.

Verdeel de gestoomde groenten over twee borden. Laat de wakame uitlekken en verdeel hem over de groente. Sprenkel de dressing erover.

Voor 2 personen

Rauwe energiesalade

1 rode biet, geraspt
1 wortel, geraspt
1 stronk broccoli, fijngehakt
¼ savooienkool, in reepjes gescheurd
3 lente-uitjes, in ringen
2 teentjes knoflook, geperst
2 el pompoenzaadjes
2 el gehakte walnoten
2 el gehakte peterselie

Dressing

3 el rodewijnazijn
1 tl grove mosterd
2 el olijfolie
zeezout en peper

Meng de ingrediënten voor de dressing en zet deze apart. Doe de ingrediënten voor de salade in een kom, meng alles goed en schenk de dressing erover. Schep alles goed om en serveer.

Voor 4-6 personen

Spinazie met geroosterde pompoen, walnoten en mandarijn-limoendressing

500 g pompoen, in blokjes
250 g jonge spinazie, gewassen
1 bakje kerstomaten, gehalveerd
2 lente-uitjes, in ringen
2 el gehakte peterselie
2 el gehakte walnoten

Dressing

geraspte schil en sap van 1 mandarijn
sap van 1 limoen
1 el koudgeperste olijfolie
zeezout en zwarte peper, naar smaak

Verwarm de oven voor op 220 °C en rooster de pompoen in 30 min. gaar. Laat afkoelen tot kamertemperatuur. Doe de spinazie, tomaten, lente-uitjes, peterselie en walnoten erbij. Meng de ingrediënten voor de dressing en schenk deze over de pompoensalade. Schep alles goed om en serveer.

Voor 2-4 personen

Zoete-aardappelpuree met mosterdzaad-dressing, krokante walnoten en erwten

500 g zoete aardappel (met schil)
1 tl zeezout
1 tl versgemalen zwarte peper
2 lente-uitjes, in ringen
2 el gehakte peterselie
150 g gare doperwten
2 el gehakte walnoten

Dressing

2 tl grove mosterd
4 el balsamicoazijn
zwarte peper, naar smaak

Snijd de zoete aardappels in stukken, doe die in een pan en voeg water toe tot ze onderstaan. Doe het zout erbij en breng aan de kook. Laat de aardappels op matig vuur ca. 20 min. koken tot ze zacht zijn. Laat ze uitlekken en pureer de (ongeschilde) aardappels licht met een vork. Schep de puree in een schaal, voeg zwarte peper, lente-ui, peterselie, erwten en walnoten toe en meng alles. Meng de ingrediënten voor de dressing en giet deze erover. Schep alles goed om en serveer.

Voor 4 personen

Warme groentetaartjes

500 pompoen, in blokjes
zeezout en peper, naar smaak
1 prei, gewassen en gesneden
1 ui, gesnipperd
2 teentjes knoflook, geperst
2 middelgrote courgettes, geraspt
500 g maïs
250 g shii-takes, in plakjes
1 rode paprika, in blokjes
1 gele paprika, in blokjes
2 el witte misopasta
2,5 dl heet water
2 el gehakt bieslook
6-8 velletjes filodeeg
olijfolie uit een spuitbus

Verwarm de oven voor op 200 °C. Leg de pompoen op een bakplaat, bestrooi met zout en peper en bak hem in 30 min. zacht en goudbruin. Laat de pompoen op de bakplaat afkoelen.

Sauteer de prei, ui en knoflook snel in een beetje water tot alles zacht en goudbruin is. Doe de courgette, maïs, paddestoelen en paprika erbij. Meng de miso met het hete water en voeg dit mengsel toe aan het prei-uimengsel. Laat de groenten op matig vuur 10-15 min. koken tot alles gaar is en het vocht bijna is verdampt. Haal de pan van het vuur en schep de pompoen en het bieslook erdoor.

Schep het mengsel in kleine taartvormpjes en leg op elk vormpje een verkreukeld vel filodeeg. Spuit er wat olijfolie over en bak de taartjes in 30 min. goudbruin. Serveer ze warm.

Voor 6-8 personen

Slabladeren met peer, avocado en walnootdressing

6 handen gemengde slabladeren, gewassen en gedroogd
1 peer, gewassen en in plakken
½ avocado, in dunne plakken

Dressing

4 el appelazijn
1 tl koudgeperste olijfolie
2 el gehakte walnoten
1 tl dijonmosterd
1 tl suiker, of naar smaak
versgemalen zwarte peper, naar smaak

Doe de slabladeren in een grote kom en voeg de plakjes peer toe. Meng alle ingrediënten voor de dressing en giet deze over de salade. Schep alles goed door elkaar, garneer de salade met plakjes avocado en serveer.

Voor 4 personen

Knapperige groene salade

1 komkommer, geraspt
1 groene papaja, geraspt
1 groene paprika, in dunne reepjes
2 lente-uitjes, in ringen
2 teentjes knoflook, geperst
2 el gehakte geroosterde cashewnoten
2 tl honing
1 el zoutarme sojasaus
sap van 2 limoenen

Meng alle ingrediënten en serveer.

Voor 2 personen

Spinazie-wakamesalade met avocado, komkommer en misovinaigrette

500 g spinazie, gewassen
3 el gedroogd wakame-zeewier
1 komkommer, geschild en in dikke plakken
½ avocado, in even grote stukken
1 el sesamzaadjes

Vinaigrette
2 tl witte miso
1 el mirin
sap van 1 limoen
½ tl sesamolie
1 el zoutarme sojasaus
1 el water

Dompel de spinazie kort in kokend water tot hij iets is geslonken. Knijp de spinazie meteen uit en dompel hem in een schaal ijswater. Laat uitlekken. Leg de wakame in een schaal en giet er 1 kop (2,5 dl) kokend water over. Laat 5 min. weken. Haal de wakame uit het water en doe hem bij de spinazie. Knijp overtollig water eruit.

Leg een handvol van het mengsel aan de korte kant van een met plasticfolie bekleed sushimatje. Gebruik het matje om het mengsel op te rollen. Verwijder het matje en de plasticfolie en snijd de rol daarna in 6-8 stukken. Herhaal dit tot alles van het mengsel is gebruikt. Of vorm met uw handen van het mengsel hoopjes ter grootte van een walnoot.

Leg de plakken komkommer op borden en leg op elk plakje een portie spinazie. Leg daarop een klein stukje avocado en bestrooi met sesamzaadjes. Meng alle ingrediënten voor de vinaigrette en serveer die er apart bij.

Voor 2-4 personen

WAKAME *is zeewier met een delicate textuur en is rijk aan belangrijke mineralen.*

Courgette-waterkers-beignets met wortel-sesamsalade

Salade

1 grote wortel, geraspt
1 tl sesamzaadjes
1 handvol waterkers
1 tl olijfolie
sap van ½ citroen
mespuntje suiker

Beignets

3 grote courgettes, geraspt
2 el gehakte koriander
1 handvol gehakte waterkers
2 lente-uitjes, in ringen
geraspte schil van 1 citroen
4 eiwitten (van scharreleieren)
3 el meel
zeezout en peper
1 tl suiker
1-2 el olijfolie

Maak eerst de salade door alle ingrediënten te mengen. Zet apart.

Meng de courgette, koriander, waterkers, lente-ui en citroenrasp. Voeg de eiwitten en het meel toe en breng op smaak met zout, peper en suiker. Verwarm een koekenpan met anti-aanbaklaag en bestrijk hem met wat olijfolie. Schep volle lepels van het courgettemengsel in de pan en bak ze aan elke kant in 2 min. krokant en goudbruin. Serveer ze warm met de wortelsalade.

Voor 12 beignets

Koude kip-rijstvelrolletjes met chilidipsaus

2 el sojasaus
2 teentjes knoflook, geperst
sap van 1 limoen
300 g gepocheerde kipfilet, afgekoeld en in stukjes gescheurd
12 grote rijstvellen (verkrijgbaar bij toko's)
250 g ijsbergsla, in dunne reepjes gescheurd
1 (Libanese) komkommer, geschild en in reepjes van 5 cm
250 g taugé
3 el gehakt bieslook
2 lente-uitjes, in ringen

Dipsaus

2 teentjes knoflook, geperst
2 el chilisaus
1 el gehakte koriander
1 el vissaus
1 tl sesamolie
1 tl honing
sap van 2 limoenen
scheutje sojasaus

LIBANESE KOMKOMMERS *zijn lang en dun en hebben een gladde schil. Als ze niet verkrijgbaar zijn, kunt u gewone komkommers gebruiken.*

Meng de sojasaus, de knoflook en het limoensap. Doe de kip erbij en laat deze ca. 10 min. marineren. Week de rijstvellen enkele minuten in heet water zodat ze zacht worden en leg ze dan op een werkblad. Leg in het midden van elk vel wat sla en leg daar wat komkommer, taugé, bieslook en lente-uitjes op. Leg er ten slotte wat gemarineerde kip op en rol dan elk vel op. Vouw de zijkanten tijdens het rollen naar binnen. Leg de rolletjes in de koelkast om af te koelen.

Geroosterde rode en gele paprika's met basilicumpesto

2 rode paprika's
2 gele paprika's
400 g magere ricotta
4 tomaten, in vier partjes
zeezout en peper, naar smaak
30 g geschaafde parmezaanse kaas, als garnering

Basilicumpesto

1 bosje verse basilicumblaadjes
sap van 1 citroen
3 teentjes knoflook, geperst
snufje zeezout en versgemalen zwarte peper
4 el extra vergine olijfolie
4 el kippenbouillon
1 el pijnboompitten, geroosterd

Voor de pesto: doe alle ingrediënten in een keukenmachine en pureer ze. Voeg indien nodig wat extra olijfolie toe. Zet de pesto apart en verwarm de oven voor op 180 °C.

Halveer de paprika's in de lengte. Verwijder de zaadlijsten, maar laat de steeltjes zitten. Leg ze op een bakplaat en schep in elke halve paprika 1 tl pesto. Verdeel de ricotta over de helften en leg dan de stukken tomaat erop. Bestrooi met zout en peper en bak ze 25-30 min., tot de paprika's iets in elkaar zakken en de tomaten zacht en geroosterd zijn.

Haal ze uit de oven en leg ze op borden. Druppel er nog een beetje pesto over en garneer met geschaafde parmezaanse kaas. Serveer de paprika's warm met een groene salade of als bijgerecht bij gegrilde kip of vis.

Voor 4 personen

Tonijnsalade met peperkorstje

250 g jonge spinazie
½ bosje waterkers
4 romatomaten, in vier partjes
1 rode ui, in ringen
16-20 zwarte ontpitte olijven
200 g peultjes, schoongemaakt
2 tonijnsteaks à 200 g
2 el versgemalen zwarte peper
1 el verse basilicumblaadjes, als garnering

Dressing

2 teentjes knoflook, geperst
sap van 1 citroen
3 ansjovisfilets, fijngeprakt
mespuntje suiker
1 tl olijfolie

Doe de spinazie, waterkers, tomaten, ui, olijven en peultjes in een kom. Bedek de tonijnsteaks met de zwarte peper. Verhit wat olijfolie in een koekenpan op hoog vuur en schroei de tonijn aan beide kanten dicht tot hij net gaar is. Breek de tonijn in stukken en schep deze door de salade. Meng alle ingrediënten voor de dressing en schenk deze over de salade. Schep alles goed om en garneer met verse basilicumblaadjes. Serveer meteen.

Voor 4 personen

Geroerbakte groenten

1 ui, in ringen
1 wortel, in dunne plakken
60 ml groentebouillon of water
1 stronkje broccoli, in roosjes
150 g peultjes
90 g taugé
2 el sojasaus
1 el oestersaus
1 el geroosterde cashewnoten

Verhit een wok 1 min. op hoog vuur en roerbak dan de ui en wortel 2 min. in wat bouillon of water tot ze zacht zijn. Doe de broccoli erbij en bak nog 1 min. Voeg de peultjes, taugé, sojasaus, oestersaus en cashewnoten toe en verwarm alles 1 min. Serveer meteen.

Voor 2 personen

kracht

energierijk voedsel

Geroosterde cajunkip met zwartogenboontjes

1 el paprikapoeder
1 tl chilipoeder
1 tl gemalen komijn
½ tl knoflookpoeder
1 tl kerriepoeder
1 tl versgemalen zwarte peper
1 tl gemalen koriander
4 kipfilets
1 tl olijfolie
1 ui, gesnipperd
3 teentjes knoflook, gehakt
440 g gare zwartogenboontjes
220 g gare maïs
1 rode paprika, in blokjes
1 gele paprika, in blokjes
2 lente-uitjes, in ringen
2 tomaten, in blokjes
3 el gehakte koriander
2 el zoete chilisaus

Verwarm de oven voor op 200 °C. Meng de specerijen en wrijf de kipfilets ermee in. Dek ze af en laat ze 2 uur marineren in de koelkast.

Verhit de olijfolie en schroei de kipfilets snel aan beide kanten dicht en goudbruin. Zet ze in de hete oven en rooster ze in 10-15 min. gaar.

Sauteer intussen de ui en knoflook in wat water goudbruin. Doe de zwartogenboontjes, maïs en paprika erbij en sauteer 5 min., tot het heet is. Voeg de lente-uitjes, tomaten, koriander en zoete chilisaus toe en meng alles goed. Schep het mengsel op borden en leg de kipfilets erop. Garneer met een stukje paprika en lente-ui.

Voor 4 personen

Rode kalfscurry

2 uien, in ringen
1,6 dl runder- of kippenbouillon
3 tl rode currypasta (zie recept pag. 157)
400 g mager kalfsvlees, in dunne plakken
2 rode paprika's, in reepjes
4 tomaten, zonder schil en zaadjes, in blokjes
1 tl vissaus
2 el lichte sojasaus
geraspte schil van 1 limoen
2 el gehakte koriander
1,6 dl magere koksmelk
gestoomde jasmijnrijst, voor erbij

Verhit een pan met anti-aanbaklaag op hoog vuur en bak de ui zonder olie 2 min., tot de pan bruin begint te kleuren. Voeg nu wat bouillon en de currypasta toe en bak alles 1 min. op matig tot hoog vuur. Doe het kalfsvlees erbij en daarna de rest van de bouillon en de paprika. Laat alles 3 min. zacht bakken tot het vlees gaar is. Doe de tomaten, vissaus, sojasaus, limoenrasp, koriander en kokosmelk erbij.

Serveer de curry in schaaltjes met gestoomde jasmijnrijst, zodat die het vocht kan opnemen (voor een dikkere saus kunt u wat maïzena mengen met water en dat op laag vuur door de saus roeren tot hij dikker wordt).

Voor 4 personen

Tahoe met taugésalade

300 g stevige tahoe
150 g taugé
2 el korianderblaadjes
1 tl sesamolie
2 teentjes knoflook, geperst
sap van 1 citroen
zwarte peper, naar smaak
zoutarme sojasaus, als garnering

Snijd de tahoe in blokjes en verdeel deze over twee schaaltjes. Laat in het midden ruimte vrij voor de salade. Meng de rest van de ingrediënten en leg ze tussen de tahoe. Druppel de sojasaus erover en serveer.

Voor 2 personen

Tahoe met koude glasvermicelli

130 g glasvermicelli (cellofaanmie)
1 l kokend water
2 teentjes knoflook, geperst
1 tl sesamolie
2 el vissaus
320 g stevige tahoe, in blokjes
handvol bieslook, gehakt of heel, als garnering
zoutarme sojasaus, voor erbij

Doe de glasvermicelli in een kom en giet het kokende water erover. Laat staan tot het water is afgekoeld en laat de mie goed uitlekken. Schep de knoflook, sesamolie en vissaus door de mie en schep hem in schaaltjes of op Aziatische soeplepels. Leg de tahoe erop en garneer met het bieslook. Geef de sojasaus erbij.

Voor 2 personen

Gebakken kabeljauw met peultjessalade, geroosterde tomaat en knoflook

4 hele bollen knoflook
4 romatomaten, gehalveerd
1-2 tl olijfolie
zeezout en peper, naar smaak
4 kabeljauwfilets à 180 g

Peultjessalade
2 teentjes knoflook, geperst
2 tl vissaus
sap van 2 limoenen
1-2 rode chilipepers, fijngesneden
1 tl honing
150 g peultjes, in stukjes
1 rode ui, in ringen
2 lente-uitjes, in ringen
90 g taugé

Verwarm de oven voor op 200 °C. Wikkel de hele bollen knoflook in aluminiumfolie en bak ze in ca. 35 min. zacht. Leg intussen de gehalveerde tomaten met de snijkanten naar boven op een bakplaat. Bestrijk ze met olijfolie en bestrooi ze met flink wat zout en peper. Rooster ze 15-20 min., tot ze een beetje ingezakt en bruin zijn. Bestrijk de kabeljauwfilets met wat olijfolie en bestrooi ze met zout en peper. Schroei één kant in een hete pan dicht tot die kant bruin is. Keer de vis om en schroei de andere kant dicht. Zet de pan 6-8 min. in de oven om de vis verder gaar te laten worden.

Maak intussen de salade. Meng knoflook, vissaus, limoensap, chilipeper en honing. Doe dan de rest van de ingrediënten erbij en schep alles door elkaar. Leg op elk bord een kabeljauwfilet, twee halve tomaten, een hele bol knoflook en wat peultjessalade. Serveer meteen.

Voor 4 personen

Mosselen met tomaat en chilipeper

1 ui, gesnipperd
3 teentjes knoflook, gehakt
1 rode chilipeper, fijngesneden
2 blikken gezeefde tomaten à 440 g of
1 kg ontvelde en gezeefde verse tomaten
2 el tomatenpuree
60 ml rode wijn
2 tl suiker
2 kg mosselen, schoongemaakt en van
baard ontdaan
2 el gehakte peterselie
1 el gescheurd basilicum
zout en peper, naar smaak
grof volkorenbrood, voor erbij

Sauteer ui, knoflook en chilipeper in wat water snel zacht. Doe de gezeefde tomaten, tomatenpuree, wijn en suiker erbij, dek de pan af en laat alles 20 min. zacht koken. Voeg de mosselen toe en laat ze 5 min. koken, tot ze open zijn (gooi ongeopende exemplaren weg). Roer de gehakte kruiden erdoor en breng op smaak met zout en peper. Serveer met grof volkorenbrood.

Voor 4 personen

Gebakken kreeftenstaarten met taugé-waterkerssalade en limoendressing

4 hele ongekookte kreeften
1 el olijfolie
1 dl sake of witte wijn
zeezout en versgemalen zwarte peper
250 g taugé, gewassen
30 g waterkers

Limoendressing
sap van 3 limoenen
1 tl honing
1 teentje knoflook, fijngehakt
1 rode chilipeper, fijngesneden (naar keuze)
1 tl vissaus
2 tl sojasaus

SAKE *is een Japanse alcoholische rijstdrank*

Maak de dressing door alle ingrediënten te mengen en zet deze apart. Verwarm de oven voor op 220 °C.

Verwijder de koppen van de kreeften en snijd de staarten in de lengte doormidden. Leg ze in een ondiepe ovenschaal. Voeg de olijfolie en wijn toe en breng op smaak. Schep de kreeften om, zodat ze goed bedekt worden met de vloeistof. Zet ze in de oven en bak ze 10-12 min., tot het vlees zacht en de schaal felrood is. Serveer twee halve kreeften per persoon. Geef de taugé en waterkers erbij en besprenkel ze met de limoendressing.

Voor 4 personen

Gestoomde beekforel met geroerbakte paksoi en oesterzwammen

4 verse forellen, schoongemaakt
3 lente-uitjes, in ringen
2 teentjes knoflook, gehakt
1 bosje peterselie
1 el citroengras, gehakt
1 limoen, in partjes
zeezout en peper, naar smaak
2 teentjes knoflook, geperst
4 stronkjes paksoi, gewassen en gehalveerd
250 g oesterzwammen
1,25 dl kippenbouillon
1 el oestersaus
½ tl sesamolie
partjes limoen, als garnering

Maak drie verticale inkepingen in elke zijde van de forellen. Meng de lente-uitjes, knoflook, peterselie, het citroengras en de limoenpartjes. Vul elke forel met dit mengsel en leg de vissen op een stoomrek. Bestrooi ze met zeezout en peper, dek ze af en stoom elke vis op hoog vuur in 15 min. gaar.

Roerbak intussen de knoflook, paksoi en oesterzwammen in de kippenbouillon en oestersaus tot alles heet is. Giet er op het laatst een scheut sesamolie bij en serveer dit mengsel bij de vis. Garneer met limoenpartjes.

Voor 4 personen

Gepocheerde witvis met citroentuinkruiden en ratatouille

4 witvisfilets à 180 g
1,5 l warme kippenbouillon
2 el gehakte peterselie
2 el gehakt bieslook
1 tl koriander, gehakt
geraspte schil van 1 citroen
zeezout en versgemalen zwarte peper

Ratatouille

2,5 dl kippenbouillon of water
1 rode ui, gesnipperd
2 teentjes knoflook, geperst
2 courgettes, in kleine blokjes
1 rode paprika, in kleine blokjes
1 gele paprika, in kleine blokjes
4 tomaten, zonder schil en zaadjes, in blokjes
zeezout en peper, naar smaak

Voor de ratatouille: sauteer de ui en knoflook snel zacht in wat bouillon of water. Doe de courgettes, paprika's, tomaten en overige bouillon erbij en bak alles 5-8 min. Breng op smaak met zout en peper en houd warm.

Leg de visfilets in een ondiepe pan en giet de bouillon erover. Pocheer ze 5-7 min. op matig vuur tot de vis gaar is. Meng de kruiden, de citroenrasp en wat zout en peper. Haal de vis uit de bouillon en bestrooi hem met het kruidenmengsel. Schep op elk bord een beetje ratatouille en leg er een visfilet op. Serveer meteen.

Voor 4 personen

Gepocheerde kipfilet met kool, broccoli en bloemkool

4 kipfilets
½ savooienkool, in vier parten
¼ bloemkool, in roosjes
2 stronkjes broccoli, in roosjes
250 g shii-takes, in plakjes
1 l kippenbouillon
2 el zoutarme sojasaus, voor erbij
bieslook, als garnering

Doe de kip, groenten en shii-takes in een pan en giet de bouillon erbij. Breng aan de kook en dek de pan af. Laat alles 10 min. zacht koken tot de groenten en kip zacht zijn. Schep de groenten en bouillon in schaaltjes. Haal de kip uit de pan en snijd deze in plakken. Leg de plakken op de groenten en sprenkel er een beetje sojasaus over. Garneer met bieslook en serveer meteen.

Voor 4 personen

Koolhydraatarme chili-biefstukburrito's

60 ml zoutarme sojasaus
60 ml mirin
2 teentjes knoflook, geperst
1 tl gember, fijngehakt
1 tl sesamolie
versgemalen zwarte peper
500 g biefstuk van de haas, in dunne plakken
2 uien, in ringen
1 rode chilipeper, fijngesneden
250 g champignons, in plakjes
1 rode paprika, in reepjes
2 lente-uitjes, in ringen
2 el koriander, gehakt
ijsbergsla

Meng de sojasaus, mirin, knoflook, gember, sesamolie en zwarte peper en leg de biefstuk erin. Dek af en laat het vlees in de koelkast ca. 2 uur marineren. Haal het vlees uit de marinade en bak het met de ui, chilipeper, champignons en paprika snel in een hete pan. Giet er tijdens het bakken wat van de achtergebleven marinade bij. Voeg als laatste de lente-uitjes en koriander toe. Schep de biefstukvulling op een blaadje ijsbergsla en rol dat op. Serveer de burrito's meteen. (Vervang de biefstuk eens door kip, vis, zeevruchten of tempé.)

Voor 4 personen

Gerookte zalm met groene sesammie

200 g groenetheemie
2 el gedroogd wakame-zeewier, 3 min. geweekt in heet water en uitgelekt
2 lente-uitjes, in ringen
2 el koriander, gehakt
1 tl olijfolie
1 el sojasaus
100 g gerookte zalm
waterkers, als garnering
geraspte schil van 1 citroen, als garnering

Kook de mie in ruim kokend water beetgaar en laat hem uitlekken. Doe het zeewier, de lente-ui, koriander, olijfolie en sojasaus erbij. Meng alles goed en verdeel het over twee borden. Leg de gerookte zalm erop en garneer het geheel met waterkers en citroenrasp. (U kunt de gerookte zalm vervangen door verse zalm of zalm uit blik.)

Voor 2 personen

Oesters met komkommer-citroensalade

1 komkommer, geschild, in kleine blokjes
sap en geraspte schil van 1 citroen
2 el fijngehakte koriander
1 el zoutarme sojasaus
1 tl honing
4 x 12 verse geopende oesters
veel ijs, voor erbij
versgemalen zwarte peper

Meng komkommer, citroensap en -rasp, koriander, sojasaus en honing. Leg de oesters op met ijs gevulde schalen en schep er wat salade op. Bestrooi met zwarte peper en serveer meteen.

Voor 4 personen

Sardientjes met citroen, zwarte peper en geroosterde zoete aardappels

2 grote zoete aardappels, in plakjes
3 tl olijfolie
zeezout en zwarte peper
2 el balsamicoazijn, plus extra voor erbij
1 tl verse gehakte rozemarijn
500 g sardientjes
sap van 2 citroenen
2 el gehakte peterselie
blaadjes rucola, als garnering
partjes citroen, voor erbij

Verwarm de oven voor op 200 °C. Doe de zoete aardappels, 1 tl olijfolie, zout, peper, balsamicoazijn en rozemarijn in een kom en meng alles goed. Verdeel het mengsel over een bakplaat en bak de aardappel in 35-40 min. krokant en gaar.

Verhit 5 min. voor het opdienen de rest van de olijfolie in een pan met anti-aanbaklaag. Bestrooi de sardientjes met zout en peper en bak ze in porties in 1 min. gaar. Besprenkel ze met citroensap en bestrooi ze met peterselie.

Verdeel de geroosterde zoete aardappel over vier borden en leg de sardientjes erop. Garneer met blaadjes rucola en partjes citroen. Besprenkel het geheel met wat balsamicoazijn en serveer het.

Voor 4 personen

Viskoekjes met komkommersalsa

250 g zalm uit blik, uitgelekt
500 g aardappelpuree
150 g gare maïs
4 el gehakte peterselie
2 lente-uitjes, in ringen
2 teentjes knoflook, gehakt
½ tl limoenrasp
zeezout en versgemalen zwarte peper, naar smaak
2 eiwitten (van scharreleieren), losgeklopt
220 g vers broodkruim

Komkommersalsa

1 komkommer, zonder zaadjes, in blokjes
2 el gehakte koriander
sap van 1 limoen
2 tl vissaus
mespuntje suiker
1 rode chilipeper, fijngesneden en zonder zaadjes
versgemalen zwarte peper, naar smaak

Meng alle ingrediënten voor de salsa en zet deze apart. Schep de zalm, maïs, peterselie, lente-uitjes, knoflook, limoenrasp, peper en zout losjes door de aardappelpuree. Maak er vier koekjes van en leg deze 1 uur in de koelkast om op te stijven. Haal elk viskoekje door de losgeklopte eiwitten en paneer ze met het broodkruim.

Verhit wat olijfolie en bak de viskoekjes goudbruin en gaar. Bak dikkere koekjes een paar minuten in de oven af, zodat ze door en door warm worden. Serveer met komkommersalsa.

Voor 4 personen

Gepocheerde barramunda met geroerbakte witlof en waterkastanjes

2 middelgrote hele barramunda's (of andere witvis), schoongemaakt en zonder kop
5 dl warme kippenbouillon
1 tl pindaolie
3 stronkjes witlof, gewassen en bladeren losgehaald
1 groene paprika, in reepjes
130 g waterkastanjes, in plakjes
2 teentjes knoflook, geperst
1 el zoutarme sojasaus

Pocheer de barramunda 7-10 min. in de bouillon tot hij gaar is. Draai het vuur uit en laat de vis in de bouillon staan terwijl u de overige ingrediënten verwerkt.

Verhit de pindaolie in een pan met anti-aanbaklaag en roerbak dan het witlof, de paprika en de waterkastanjes tot het witlof iets is geslonken maar nog wel knapperig is. Doe de knoflook en sojasaus erbij, schep het mengsel op borden en leg de vis ernaast. Serveer meteen.

Voor 2 personen

Magere geroosterde kipburgers

500 g mager kipgehakt
2 lente-uitjes, in ringen
1 tl zeezout en versgemalen zwarte peper
2 teentjes knoflook, geperst
1 tl piment
2 el gehakte peterselie
1 tl olijfolie
4 sneetjes grof volkorenbrood, geroosterd
4 el barbecuesaus
1 komkommer, met een dunschiller in de lengte in plakken gesneden
2 rijpe tomaten, in plakken
handvol gladde peterselieblaadjes
handvol taugé

Meng gehakt, lente-ui, zout, peper, knoflook, piment en peterselie en vorm er vier burgers van. Verhit de olijfolie in een pan met anti-aanbaklaag en bak de burgers in 7-8 min. op matig vuur gaar.

Leg op elk bord een halve snee brood besmeerd met barbecuesaus en bedekt met komkommer. Leg de kipburger en tomaat erop en garneer met de taugé en peterselie. Serveer meteen. (Voor een koolhydraatarme maaltijd laat u het brood weg en geeft u er een salade bij.)

Voor 4 personen

Rijstnoedels met krab, tomaat en chilipeper

280 g zachte rijstnoedels, zojuist gekookt
280 g krabvlees (3-4 hele krabben)
2 rijpe tomaten, in blokjes
1 rode chilipeper, fijngesneden
sap van 2 limoenen
2 lente-uitjes, in ringen
2 teentjes knoflook, geperst
1 tl sesamolie
1 tl vissaus
1 el zoutarme sojasaus
versgemalen zwarte peper, naar smaak
partjes limoen, als garnering

Doe de noedels in een grote schaal, voeg de overige ingrediënten toe en meng alles goed. Verdeel de noedels over twee schaaltjes, garneer ze met partjes limoen en serveer ze.

Voor 2 personen

Gebakken vis in bananenblad met geurige gele rijst

1 ui, gesnipperd
2 teentjes knoflook, gepeld
geraspte schil en sap van 2 limoenen
2 el gehakte koriander
1,25 dl magere kokosmelk
zeezout en peper, naar smaak
4 witvisfilets à 180 g
4 grote bananenbladeren of vierkante stukken aluminiumfolie

Gele rijst

370 g jasmijnrijst
7,5 dl water
snufje zout
1 tl kurkuma

Verwarm de oven voor op 200 °C. Doe ui, knoflook, limoensap en -rasp, koriander en kokosmelk in een keukenmachine en meng alles. Breng indien nodig op smaak met zout en peper. Leg de visfilets in een schaal, giet de kokosmarinade erover en laat de vis ca. 30 min. in de koelkast marineren.

Blancheer de bananenbladeren enkele minuten in kokend water zodat ze buigzamer worden. Leg op elk blad (of stuk aluminiumfolie) een stuk vis en schep er een beetje van de marinade op. Vouw de bladeren tot nette pakketjes en bind ze dicht met touw. Leg de pakketjes op een bakplaat en bak de vis in de oven in 12-15 min. gaar.

Verwarm intussen de rest van de marinade en maak de gele rijst. Was de rijst in een zeef tot er schoon water vanaf komt. Doe de rijst met de overige ingrediënten in een pan, dek hem af en breng alles aan de kook. Draai het vuur laag en laat de rijst 15-20 min. zacht koken tot al het vocht is opgenomen en de rijst gaar is.

Leg de vispakketjes op borden en verwijder het touw. Geef de gele rijst erbij en garneer het gerecht met limoenpartjes en korianderblad.

Voor 4 personen

Gebakken zalm met udonmie en koriander-limoenpesto

4 zalmmoten à 150 g
320 g udonmie
partjes limoen, voor erbij

Koriander-limoenpesto

1 bosje verse koriander
sap van 1 limoen
2 teentjes knoflook, geperst
snufje zeezout en versgemalen zwarte peper
6 el extra vergine olijfolie
4-6 el kippenbouillon
2 el pijnboompitten, geroosterd

Verwarm de oven voor op 200 °C. Maak eerst de pesto. Doe alle ingrediënten in een keukenmachine en pureer ze tot een gladde massa (voeg indien nodig meer olijfolie toe). Zet de pesto apart. Bestrooi de zalm met zout en peper, leg de moten op een met aluminiumfolie beklede bakplaat en bak ze in 10 min. gaar.

Kook intussen de mie in ruim kokend licht gezouten water beetgaar. Laat goed uitlekken. Schep de pesto door de mie en verdeel deze over de borden. Leg de zalm erop en garneer met verse partjes limoen. Serveer meteen.

Voor 4 personen

puur

verse,
zuivere
smaken

Mille-feuille van zeeforel met tomaat-avocadosalsa

filodeeg (genoeg om 8 vierkantjes van10-15 cm te maken)
1 eiwit (van een scharrelei)
1 el sesamzaadjes
180 g gerookte zeeforel, in dunne plakken
zeezout en peper
partjes citroen en limoen, als garnering

Salsa

½ avocado, in stukjes
2 tomaten, in stukjes
½ komkommer, zonder schil en zaadlijsten, in blokjes
2 teentjes knoflook, geperst
2 lente-uitjes, in ringen
sap van 1 limoen
mespuntje suiker
zeezout en peper, naar smaak

Verwarm de oven voor op 200 °C. Bestrijk de vellen filodeeg met eiwit, bestrooi ze met sesamzaadjes en kreukel ze iets. Leg ze op een bakplaat en bak ze in 12-15 min. goudbruin. Laat ze afkoelen.

Maak de salsa door alle ingrediënten te mengen en zet hem apart. Leg op elk bord een stuk filodeeg, leg er een paar plakken zeeforel op en schep er wat salsa op. Dek af met een stuk filodeeg. Breng op smaak met zout en peper en garneer met limoen- en citroenpartjes. Serveer meteen en geef er magere mayonaise bij (zie pag. 158).

Voor 2 personen

Gemarineerde tonijnsteaks met geroosterde tomaten en warme bonensalade

1,25 dl water
1,25 dl zoutarme sojasaus
60 ml mirin
sap van 1 citroen
4 tonijnsteaks à 180 g
4 hele zongerijpte tomaten, zonder harde kern
1 tl olijfolie
zeezout en peper, naar smaak
½ tl gemberpoeder
2 teentjes knoflook, geperst
60 ml-1,25 dl kippenbouillon
250 g sperziebonen, afgehaald
220 g tuinbonen, gedopt
2 lente-uitjes, in ringen
2 el gehakte koriander
1 tl olijfolie

MIRIN *is een gezoete Japanse rijstwijn die alleen in de keuken wordt gebruikt.*

Verwarm de oven voor op 200 °C. Meng het water, de sojasaus, de mirin en het citroensap, leg de tonijnsteaks erin en laat ze in de koelkast 15-30 min. marineren. Snijd intussen de tomaten kruiselings in en leg ze op een bakplaat. Besprenkel ze met de olijfolie en bestrooi ze met zout en peper. Bak ze 15-20 min. in de oven.

Sauteer de gember en knoflook een paar seconden in wat kippenbouillon. Voeg de bonen en het restant bouillon toe en kook de bonen net gaar. Doe de lente-uitjes en koriander erbij en breng op smaak met zout en peper.

Verwarm een pan met anti-aanbaklaag tot hij heet is maar nog niet dampt. Doe de olijfolie in de pan en schroei de tonijnsteaks 1-2 min. aan elke kant. Voeg tijdens het bakken wat marinade toe, zodat er een lichte saus ontstaat. De tonijn moet vanbinnen nog mooi roze zijn. Verdeel de bonen over de borden. leg er een geroosterde tomaat op en leg de tonijnsteaks ernaast. Besprenkel alles tot slot met wat saus.

Voor 4 personen

Tomaat-champignonpizza

4 grote portabello's (paddestoelen), zonder steeltjes
zeezout en versgemalen peper
1 tl olijfolie
1 grote rode ui, gesnipperd
2 teentjes knoflook, geperst
3 ansjovisfilets, fijngehakt
1 rode paprika, in kleine blokjes
1 el gehakt vers basilicum
1 el gehakte peterselie
2 rijpe romatomaten, elk in vier partjes
4 bocconcini's, in plakjes
blaadjes rucola, als garnering
balsamicoazijn, voor erbij

BOCCONCINI'S *zijn bolletjes mozzarella die in wei worden geconserveerd.*

Verwarm de oven voor op 200 °C. Trek het buitenste velletje van de paddestoelen en leg ze op een bakplaat. Bestrooi met zout en peper en zet apart.

Verwarm de olijfolie in een pan met anti-aanbaklaag en bak de ui en knoflook zacht. Voeg de ansjovis en paprika toe en bak alles in een paar minuten zacht. Doe het basilicum en de peterselie erbij en breng op smaak met zout en peper. Vul de champignons met dit mengsel.

Leg op elke champignon twee partjes tomaat en wat plakjes bocconcini. Bestrooi met zout en flink wat peper en bak ze in 20-25 min. in de oven goudbruin. Leg de champignons op borden en garneer het geheel met rucola. Besprenkel met wat balsamicoazijn en serveer meteen.

Voor 4 personen

Teriyaki-kabeljauwfilet met tuinbonen en groene dressing

220 g tuinbonen, gedopt
1,25 dl kippenbouillon
4 kabeljauwfilets à 180 g
4 el teriyaki- of oestersaus

Groene dressing

4 el gehakte koriander
2 el gehakt bieslook
1 lente-uitje, in ringen
1 teentje knoflook, geperst
2 el limoensap
1 el sojasaus
1 tl honing
versgemalen zwarte peper
1 tl olijfolie

Maak de dressing door alle ingrediënten te mengen en zet deze apart. Kook de bonen in de kippenbouillon tot ze zacht zijn en het vocht vrijwel helemaal is verdampt. Schep de dressing door de bonen en zet ze apart. Bak de kabeljauwfilets in een pan met anti-aanbaklaag in wat bouillon of water tot ze gaar zijn (ca. 5 min.). Doe de teriyaki- of oestersaus erbij en keer de kabeljauwfilets om, zodat ze helemaal met saus worden bedekt. Schep de tuinbonen op borden en leg de vis erop.

Voor 4 personen

Geroosterd varkensvlees met sesamkorstje en boekweitsobamie

500 g varkenslende, vetrandjes verwijderd
zeezout en versgemalen zwarte peper
2 el sesamzaadjes
1 tl olijfolie
400 g boekweitsobamie
3 vellen nori-zeewier, in dunne repen geknipt
1 rode paprika, in blokjes
1 rode chilipeper, zaadjes verwijderd en fijngesneden
4 el sojasaus
1 tl sesamolie
ontkiemde peultjes, als garnering

Verwarm de oven voor op 160 °C. Wrijf het vlees in met zout en peper en bedek het met sesamzaadjes. Verhit de olijfolie en schroei het vlees tot het rondom bruin is. Leg het in een braadslee en rooster het ca. 30 min. in de oven tot het gaar is. Laat het vlees voor het opdienen ca. 8 min. rusten.

Kook intussen de mie in ruim kokend licht gezouten water. Doe de reepjes nori erbij en giet de mie meteen af. Doe hem in een kom en schep de paprika, chilipeper, sojasaus en sesamolie erdoor. Verdeel de mie over schaaltjes, snijd het vlees in plakken en leg ze op de mie. Garneer met ontkiemde peultjes.

Voor 4 personen

Paddestoelenlinguini

300 g linguini (pasta)
2 uien, gesnipperd
3 teentjes knoflook, geperst
750 g gemengde paddestoelen, zoals champignons, shii-takes, oesterzwammen en portabello's
1,25 dl groente- of kippenbouillon
2 bosjes bieslook, fijngehakt
zeezout en peper, naar smaak
2 el versgeraspte parmezaanse kaas

Kook de pasta in ruim kokend licht gezouten water beetgaar. Sauteer de ui en knoflook in wat bouillon zacht. Voeg de paddestoelen toe en sauteer ze zacht en goudbruin (ca. 5 min.). Giet er indien nodig wat bouillon bij. Doe het bieslook erbij en breng op smaak. Schep de paddestoelen en parmezaanse kaas door de warme pasta en serveer.

Voor 4 personen

Chili-inktvissalade

3 schoongemaakte stukken inktvis, ingesneden en in stukjes
1 rode chilipeper, fijngesneden
2 el vissaus
4 el sojasaus
sap van 1 limoen
1 tl sesamolie
½ rode paprika, in reepjes
½ gele paprika, in reepjes
2 lente-uitjes, in ringen
2 stronkjes witlof, gewassen en bladeren losgehaald
partjes limoen, voor erbij

Meng inktvis, chilipeper, vis- en sojasaus, limoensap en sesamolie. Laat de inktvis 30 min. in de koelkast marineren en bak hem dan in een hete pan met anti-aanbaklaag in 1 min. zacht. Voeg de paprika en lente-uitjes toe en laat die warm worden. Schep het mengsel op de blaadjes witlof en garneer met partjes limoen.

Voor 2 personen

Thais gearomatiseerde mosselen met rijstnoedelsalade

1 tl sesamolie
1 ui, gesnipperd
2 teentjes knoflook, gehakt
1 tl citroengras, fijngehakt
1,25 dl kippenbouillon
500 g verse mosselen, schoongeboend en van baard ontdaan
4 el gehakte koriander
koriander, als garnering
partjes citroen of limoen, als garnering

Rijstnoedelsalade

sap van 2 limoenen
1 tl honing
2 teentjes knoflook, geperst
½ rode chilipeper, zaadjes verwijderd en fijngesneden
2 el zoutarme sojasaus
2 tl vissaus
280 g gare rijstnoedels, uitgelekt
250 g taugé
handvol waterkers
2 lente-uitjes, in ringen

Maak eerst de salade. Meng limoensap, honing, knoflook en chilipeper. Voeg de sojasaus en vissaus toe en zet dit apart. Doe de mie, taugé, waterkers en lente-uitjes in een schaal, giet de dressing erover en schep alles goed om. Verdeel de salade over schaaltjes en zet die apart terwijl u de mosselen klaarmaakt.

Verhit de sesamolie en bak de ui, de knoflook en het citroengras snel goudbruin. Voeg de kippenbouillon toe en breng aan de kook. Doe de mosselen erbij, dek de pan af en laat alles 5 min. zacht koken tot de mosselen open zijn (gooi ongeopende exemplaren weg). Schep de koriander erdoor en schep daarna de mosselen in twee kommen. Serveer ze met de salade, gegarneerd met koriander en partjes citroen of limoen.

Voor 2 personen

Tahoe met groenten en shii-takes in oestersaus

1 tl olijfolie
2 teentjes knoflook, geperst
1,25 dl groente- of kippenbouillon
250 g shii-takes, in plakjes
250 g spinazie, gewassen
2 stronkjes witlof, bladeren losgehaald
2 el oestersaus
320 g tahoe
ontkiemde peultjes, ingemaakte gember
en taugé, als garnering

Verhit een pan met anti-aanbaklaag, voeg de olijfolie toe en bak de knoflook in wat groente- of kippenbouillon zacht. Doe de paddestoelen erbij en bak ze 1 min. mee. Doe de spinazie en het witlof erbij en laat de bladeren iets slinken (voeg indien nodig wat bouillon toe). Doe de oestersaus erbij, meng alles en verdeel het mengsel over borden. Snijd de tahoe in vier stukken en leg die op de groenten. Garneer tot slot met ontkiemde peultjes, gember en taugé.

Voor 4 personen

Gepocheerde zeevruchten in limoen-kokosdressing

400 g gemengde verse zeevruchten (zoals garnalen, sint-jakobsschelpen)
5 dl kippenbouillon
1 lente-uitje, in ringen
2 el gehakte koriander
1 el fijngehakte munt
sap van 2 limoenen
1,25 dl magere kokosmelk
1 el sojasaus
2 teentjes knoflook, geperst
1 rode chilipeper, zaadjes verwijder en fijngesneden
paar slabladeren, in stukjes gescheurd

Pocheer de zeevruchten 1-2 min. in de bouillon tot alles net gaar is. Leg ze in een schaal ijswater om af te koelen. Maak een dressing door de overige ingrediënten (behalve de sla) te mengen. Laat de zeevruchten uitlekken, schep de dressing erdoor en zet ze dan ten minste 4 uur in de koelkast. Leg onder in elk schaaltje een beetje sla, schep de zeevruchten erop en serveer het gerecht meteen.

Voor 2 personen

Versterkende soep

150 g farfalle (pasta))
2 l verse kippenbouillon (zie recept pag. 156)
150 g verse doperwten
150 g verse tuinbonen, gedopt
zeezout en peper, naar smaak

Kook de pasta in ruim kokend licht gezouten water beetgaar. Giet hem af en laat hem onder koud stromend water afkoelen. Breng de kippenbouillon aan de kook, voeg de doperwten en tuinbonen toe en laat ze 2 min. koken. Doe de pasta erbij en breng het geheel op smaak met zout en peper. Schep de pasta in schaaltjes en serveer hem meteen.

Voor 4 personen

Mie met kip

220 g glasvermicelli (cellofaanmie)
440 g gepocheerde kipfilet, fijngesneden
3 teentjes knoflook, geperst
250 g shii-takes
1 rode ui, gesnipperd
1 rode paprika, in reepjes
1 gele paprika, in reepjes
1 rode chilipeper, zaadjes verwijder en fijngesneden
1 bosje koriander, grof gehakt
3 el vissaus
sap van 2 limoenen
4 el zoutarme sojasaus
2 el gehakte geroosterde cashewnoten (naar keuze)

Week de mie 10 min. in kokend water. Giet hem af, spoel hem af onder koud stromend water en laat hem uitlekken. Doe de mie in een grote kom en schep de overige ingrediënten er goed door. Verdeel de mie over vier schaaltjes en serveer.

Voor 4 personen

Geroerbakte garnalen en groenten

16 rauwe Noorse garnalen, gepeld, darmkanaal verwijderd en staart intact
2 teentjes knoflook, geperst
½ tl geraspte gember
2,5 dl kippenbouillon
8 asperges, gehalveerd
4 stronkjes paksoi, gehalveerd
250 g shii-takes, in plakjes
250 g oesterzwammen
4 lente-uitjes, in ringen
2 el oestersaus
1 el zoete sojasaus (ketjap manis)
½ tl sesamolie

Sauteer de garnalen, knoflook en gember 1-2 min. in een hete wok in wat kippenbouillon. Doe de asperges, paksoi en paddestoelen erbij en sauteer alles nog 1 min. (voeg indien nodig nog wat kippenbouillon toe). Doe de lente-uitjes, oestersaus, zoete sojasaus en sesamolie erbij en sauteer het geheel nog 1 min. Schep nu alles in schaaltjes en serveer meteen.

Voor 4 personen

Omgekeerde sushi

300 g kortkorrelige witte rijst
7,5 dl water
2 el rijstazijn
2 tl suiker
1 tl zeezout
1 vel nori-zeewier
4 el geroosterde sesamzaadjes
½ avocado, in reepjes
1 komkommer, in lange repen
1 rode paprika, in reepjes
zoutarme sojasaus en wasabipasta, voor erbij

Was de rijst goed door de korrels tegen elkaar te wrijven tot er schoon water vanaf komt. Laat hem uitlekken. Doe de rijst en het water in een pan en laat het ca. 30 min. staan. Doe een deksel op de pan en breng het water aan de kook. Laat de rijst ca. 10 min. op laag vuur koken (deksel laten zitten en niet roeren). Haal de pan van het vuur en laat de rijst nog 10 min. staan. Los de suiker en het zout op in de azijn.

Schep de rijst in een niet-metalen schaal en schep het azijnmengsel er voorzichtig door. Laat afkoelen tot kamertemperatuur.

Maak de sushi door een vel nori op een werkblad te leggen. Verdeel de rijst over het hele vel, druk hem stevig aan en bestrooi hem met de sesamzaadjes. Keer het vel nori voorzichtig met beide handen om, zodat de rijst aan de onderkant komt te liggen. Leg de repen avocado, komkommer en paprika in de lengte in het midden op het vel nori. Rol het vel op (de rijst komt nu aan de buitenkant te zitten) en wikkel de rol in plasticfolie. Vorm er voorzichtig een nette rol van. Verwijder de folie en snijd de rol in 6-8 stukken. Geef er sojasaus en wasabipasta bij.

Voor 4 personen

Groenetheemie met knoflookgarnalen

400 g groenethee-boekweitmie (*cha-soba*, verkrijgbaar bij Japanse toko's)
2 el gedroogd wakame-zeewier
16 rauwe Noorse garnalen, gepeld, darmkanaal verwijderd en staart intact
1 tl sesamolie
3 teentjes knoflook, geperst
zeezout en peper
sap van ½ citroen
2 el sojasaus
1 tl olijfolie
versgemalen zwarte peper, naar smaak

Kook de mie in ruim kokend licht gezouten water bijna beetgaar. Doe de wakame erbij en laat de mie nog 1 min. koken, zodat het zeewier zacht wordt.

Verwarm intussen een grote koekenpan met anti-aanbaklaag op hoog vuur. Bak de garnalen met de sesamolie en knoflook tot ze roze en net gaar zijn. Breng op smaak met zout en peper en besprenkel met het citroensap.

Giet de mie en wakame af. Doe beide in een schaal en schep de sojasaus en olijfolie erdoor. Breng op smaak met flink wat versgemalen zwarte peper. Verdeel de mie over vier borden. Leg op elke portie mie vier garnalen en serveer meteen.

Voor 4 personen

Citroengrasrisotto met asperges en gebakken sint-jakobsschelpen

1 tl olijfolie
1 ui, gesnipperd
1 stengel citroengras, fijngehakt
370 g arboriorijst
1 l warme kippenbouillon
1 gele paprika, in kleine stukjes
1,25 dl magere kokosmelk
versgemalen zeezout en peper, naar smaak
12 sint-jakobsschelpen
16 asperges

Bak de ui en het citroengras in de olijfolie zacht. Doe de rijst erbij, roer 1 min. en voeg dan de helft van de bouillon toe. Roer met een houten lepel op matig vuur tot het vocht bijna helemaal is opgenomen. Doe de paprika en de rest van de bouillon erbij en laat de rijst al roerend op matig vuur koken tot hij gaar en romig is (20-25 min.). Schep vlak voor het opdienen de kokosmelk erdoor. Breng op smaak met flink wat zout en peper. Bak de sint-jakobsschelpen en asperges in wat olijfolie snel gaar en breng op smaak met zout en peper.

Verdeel de risotto over vier schaaltjes, leg de asperges en sint-jakobsschelpen erop en serveer warm.

Voor 4 personen

Wortel-kurkumasoep

2 kg wortel, in stukjes
2 uien, gesnipperd
2 l groente- of kippenbouillon
2 tl verse geraspte kurkuma
stukje kombu-zeewier van 5 cm (naar keuze)
versgemalen zwarte peper, naar smaak

Doe de wortels, uien, bouillon, kurkuma en kombu in een grote pan en breng de bouillon aan de kook. Leg een deksel schuin op de pan en laat alles 30 min. zacht koken tot de wortels zacht zijn. Haal de pan van het vuur en verwijder de kombu. Snijd hem in reepjes en zet die apart. Doe steeds een deel van het mengsel in een keukenmachine of blender en pureer het tot een gladde massa. Maak de soep eventueel dikker of dunner door minder of meer bouillon te gebruiken.

Doe de soep weer in de pan en warm hem op. Breng hem op smaak met zwarte peper en voeg de reepjes kombu toe. Schep de soep in soepkommen en serveer hem meteen.

Voor 6 personen

Sushi van groenetheemie met komkommer, avocado en wasabimayonaise

400 g groenetheemie
½ tl sesamolie
½ tl geraspte gember
6 vellen nori-zeewier
1 avocado
1 komkommer
6 shii-takes, in dunne plakjes

Wasabimayonaise
2 el sojamayonaise
½ tl wasabipasta

Kook de mie in ruim kokend licht gezouten water beetgaar. Giet hem af, spoel hem af met koud water en laat hem uitlekken. Schep de sesamolie en gember door de mie en laat hem in 15 min. afkoelen.

Meng de ingrediënten voor de mayonaise en zet deze apart. Schil de avocado, snijd hem in vieren en snijd elke kwart doormidden. Schil de komkommer, verwijder de zaadjes en snijd de komkommer in dunne repen die even lang zijn als de vellen nori.

Maak de sushi door een vel nori op een bamboematje te leggen. Verdeel wat mie over één helft van het vel en smeer 1 tl mayonaise over de mie. Leg reepjes avocado, komkommer en plakjes paddestoel op de mie en rol dan de sushi stevig op met behulp van het bamboematje. Doe hetzelfde met de rest van de vellen. Snijd elk norirolletje in 6-8 stukken en serveer de sushi met sojasaus en ingemaakte gember.

Voor 6 personen

Gepocheerde kip en groenten in bouillon

1,5 l kippenbouillon
2 teentjes knoflook, geperst
500 g kipfilet, in repen
1 kg gemengde seizoensgroenten (zoals Chinese kool, broccoli, bleekselderij, paksoi, lente-uitjes, spinazie, baby-maïs, shii-takes, wakame-zeewier)
3 el sojasaus

Doe de bouillon, knoflook en reepjes kip in een pan en breng de bouillon aan de kook. Draai het vuur laag en laat alles 5 min. zacht koken tot de kip gaar is. Voeg de groenten toe en laat ze nog 8 min. koken. Roer de sojasaus erdoor. Schep het gerecht in kommen en geef er eventueel gestoomde jasmijnrijst bij.

Voor 4 personen

Citroenkip met courgettespaghettini

1 tl olijfolie
1 ui, in ringen
3 teentjes knoflook, geperst
4 kipfilets
sap van 2 citroenen
geraspte schil van 1 citroen
1 tl honing
zeezout en peper, naar smaak

Courgettespaghettini

2 middelgrote groene courgettes
2 middelgrote gele courgettes
2 tl olijfolie
2 teentjes knoflook, geperst
4 el gehakte peterselie
zeezout en peper, naar smaak

Verhit de olijfolie en bak de ui, knoflook en kipfilets gaar en goudbruin. Voeg tijdens het bakken wat water toe, zodat de kip mals blijft. Laat het water verdampen en doe dan het citroensap, de citroenrasp en de honing erbij. Breng op smaak en houd alles warm.

Rasp intussen de courgettes tot 'spaghettini'. Blancheer deze slierten kort in kokend water tot ze zacht zijn (ca. 1 min.). Laat ze goed uitlekken. Verhit de olijfolie en bak de knoflook kort. Doe de courgetteslierten erbij, schep de peterselie erdoor en breng op smaak met zout en peper. Verdeel de spaghettini over borden en leg er een kipfilet op.

Voor 4 personen

Gazpacho met avocado-limoensalade

1,5 kg rijpe tomaten, zonder schil en zaadjes, in stukjes
2 teentjes knoflook, geperst
1 rode chilipeper, fijngesneden
½ rode ui, gesnipperd
1 rode paprika, in stukjes
1 komkommer, zonder schil en zaadjes, in stukjes
2,5 dl tomatensap
3 el gehakte verse peterselie
1 el gehakte verse koriander
zeezout en versgemalen zwarte peper
koriander, als garnering

Salade

1 avocado, gehakt
½ komkommer, zonder schil en zaadjes, in stukjes
sap van 2 limoenen
1 el gehakte koriander
2 lente-uitjes, in ringen

Doe de tomaten, knoflook, chilipeper, ui, paprika, komkommer en het tomatensap in een keukenmachine en pureer alles tot een gladde massa. Roer de kruiden erdoor en breng op smaak met zout en peper. Laat in de koelkast koud worden.

Maak de salade door in een schaal alle ingrediënten te mengen. Zet midden in elk soepbord een ronde uitsteekvorm en vul deze met de salade. Giet de koude gazpacho om de uitsteekvorm heen en haal de uitsteekvorm dan weg. Garneer met koriander en serveer meteen.

Voor 6 personen

gezond

stevige, hartverwarmende gerechten

Curry van pompoen, spinazie en linzen

2 uien, gesnipperd
3 el rode currypasta (zie pag. 157)
1 l groentebouillon
1,25 dl magere kokosmelk
620 g pompoen, in stukken
2 wortels, geraspt
200 g rode linzen
250 g spinazie, gewassen
koriander, als garnering

Sauteer de ui in een diepe pan in wat water zacht. Doe de currypasta erbij en sauteer nog 1 min. Doe de bouillon, kokosmelk, pompoen, wortels en linzen erbij, dek de pan af en laat alles 20-25 min. koken op laag vuur tot alles zacht is (voeg indien nodig meer bouillon toe). Doe de spinazie erbij en laat nog 3 min. koken. Schep de curry in schaaltjes, garneer met koriander en serveer meteen.

Voor 4 personen

Fettucine met mediterrane smaken

1 kg romatomaten, in vier partjes
500 g champignons
2 gele paprika's, in blokjes
zeezout en peper
500 g fettucine (pasta)
4 el gehakte peterselie
2 teentjes knoflook, geperst
geraspte schil en sap van 1 citroen
1 el koudgeperste olijfolie
versgemalen zwarte peper, naar smaak
2 el verse geschaafde
parmezaanse kaas

Verwarm de oven voor op 220 °C. Meng tomaten, champignons, paprika, zout en peper en leg alles op een bakplaat. Rooster het mengsel 20-25 min. in de oven.

Kook de pasta in kokend licht gezouten water beetgaar. Laat hem goed uitlekken en doe hem in een schaal. Voeg de geroosterde groenten, peterselie, knoflook, citroensap, olijfolie, zwarte peper, citroenrasp en de parmezaanse kaas toe, schep alles goed om en serveer meteen.

Voor 4-6 personen

Geroosterde groenten met couscous

1 rode ui, in grove stukken
2 rode paprika's, in dikke repen
2 gele paprika's, in dikke repen
1 courgette, gehalveerd en in dikke plakken
1 tl olijfolie
2 teentjes knoflook, geperst
1 tl zoet paprikapoeder
zeezout en zwarte peper, naar smaak
1 ui, gesnipperd
2,5 ml groente- of kippenbouillon
220 g kant-en-klare couscous
2 el gehakte peterselie

Verwarm de oven voor op 200 °C. Meng de rode ui, paprika's, courgette, olijfolie, knoflook, het paprikapoeder, zout en peper. Rooster de groenten in ca. 30 min. in de oven zacht en goudbruin.

Maak intussen de couscous. Bak de ui in een diepe pan met antiaanbaklaag in wat water snel zacht. Giet de bouillon erbij en breng deze aan de kook. Voeg de couscous toe, roer alles door en haal de pan van het vuur. Dek hem af met een goed sluitend deksel en laat de couscous ca. 5 min. staan tot de bouillon is opgenomen. Schep de geroosterde groenten en de peterselie door de couscous en verdeel hem over borden. Serveer meteen.

Voor 4 personen

Ingepakte vis en sint-jakobsschelpen

2 witvisfilets à 150 g
2 el gehakte peterselie
6 sint-jakobsschelpen
zeezout en peper, naar smaak
2 dunne reepjes citroengras
scheutje droge vermout

Verwarm de oven voor op 200 °C. Leg de vis op twee grote stukken bakpapier of aluminiumfolie, bestrooi hem met de gehakte peterselie en leg de sint-jakobsschelpen erbovenop. Breng op smaak met zout en peper. Leg op elk stuk vis een reepje citroengras en druppel er dan wat vermout over. Vouw het bakpapier of de aluminiumfolie dicht (de randen moeten goed sluiten) en bak de vis in 10-15 min. gaar. Leg de pakketjes op borden en geef er een groene salade of gestoomde groenten en sojasaus bij.

Voor 2 personen

Groentelaksa

1 ui, gesnipperd
3-4 el laksapasta (zie pag. 157)
1 rode paprika, in reepjes
1 gele paprika, in reepjes
250 g champignons, in plakjes
150 g shii-takes, in plakjes
1,5 l groente- of kippenbouillon
150 g sugarsnaps
150 g babymaïs
500 g verse dikke rijstnoedels
300 g stevige tahoe, in blokjes
2,5 dl magere kokosmelk

Bak de ui en laksapasta op laag vuur snel zacht. Voeg de paprika's, paddestoelen en bouillon toe en laat alles 5 min. koken. Doe de sugarsnaps, maïs, rijstnoedels, tahoe en kokosmelk erbij, breng aan de kook en laat koken tot de noedels zacht zijn. Schep ze in diepe kommen en serveer ze meteen.

Voor 4 personen

Gerookte zalm gevuld met papaja-krabsalade

2 teentjes knoflook, geperst
2 kleine groene chilipepers, zaadjes verwijderd en fijngesneden
1 tl citroengras, fijngehakt
60 ml vers limoensap
2 el vissaus
1 el palmsuiker of lichtbruine suiker
1 middelgrote donkergroene papaja, geschild en zonder zaadjes, geraspt
4 el gehakte koriander
60 g fijngesneden ontkiemde peulen
250 g krabvlees (ca. 4 middelgrote krabben)
500 g gerookte zalm, in dunnen plakken

Dressing

1 el limoensap
1 tl honing
zeezout en peper, naar smaak
waterkers, als garnering

Meng knoflook, chilipeper, citroengras, limoensap, vissaus en palmsuiker of bruine suiker en roer alles tot de suiker is opgelost. Doe de papaja, koriander, ontkiemde peulen en het krabvlees erbij en schep alles goed door elkaar. Bekleed 4-6 kleine vormpjes of bakjes met plasticfolie en bekleed de binnenkant van de vormpjes met plakjes gerookte zalm. Vul ze met de krabsalade en dek de bovenkant af met een plakje zalm. Stort dit op borden en garneer met blaadjes waterkers. Besprenkel de zalmtaartjes met een mengsel van limoensap, honing, zout en peper en serveer ze.

Voor 4-6 personen

Tahoe met avocado en limoen

4 kleine 'bakjes' van slabladeren
4 blokken zachte tahoe à 150 g
½ avocado, in vier parten
1 limoen, in partjes

Dressing (naar keuze)

sap van 2 limoenen
1 tl honing
2 teentjes knoflook, geperst
1 el vissaus

Leg de slabakjes op borden en leg er een stuk tahoe, avocado en partje limoen op. Meng de ingrediënten voor de dressing en schenk deze vlak voor het opdienen over de tahoe.

Voor 4 personen

Gebakken garnalen in tandoorikruiden met komkommersambal

2 teentjes knoflook, geperst
1 tl fijngehakte gember
½ tl gemalen komijn
½ tl kurkuma
1 tl garam masala
1 tl gemalen koriander
1 tl chilipoeder
1 el citroensap
1,85 dl magere yoghurt
500 g garnalen, gepeld, darmkanaal verwijderd en staart intact gelaten

Komkommersambal

1 komkommer, zonder schil en zaadjes, in kleine blokjes
zeezout, naar smaak
1,25 dl magere yoghurt

Doe alle ingrediënten behalve de garnalen in een kom en meng goed. Doe de garnalen erbij en schep ze goed door het mengsel. Laat ze ca. 30 min. in de koelkast marineren. Bak de garnalen 5 min. in een hete koekenpan met anti-aanbaklaag in wat olijfolie tot ze roze kleuren en gaar zijn.

Meng alle ingrediënten voor de sambal en zet deze apart. Serveer de garnalen met gestoomde basmatirijst en komkommersambal.

Voor 4 personen

Jachtschotel met rode wijn, kip en groente

500 g kipfilet, in blokjes
60 g magere bacon, in plakken
4 teentjes knoflook, geperst
1 ui, gesnipperd
7,5 dl kippenbouillon
1 el bloem
2,5 dl rode wijn
2 wortels, geschild en in plakjes
12 krielaardappeltjes, geschild
300 g champignons, in plakjes
1 tl verse tijmblaadjes
zeezout en peper, naar smaak

Sauteer de kip, bacon, knoflook en ui in wat bouillon bruin. Voeg de bloem toe en roer deze erdoor. Doe de rode wijn, de rest van de bouillon, de wortels, aardappels, champignons en tijm erbij. Dek de pan af en laat alles 30-40 min. zacht koken tot de wortels en aardappels zacht zijn. De saus moet krachtig en dik zijn.

Breng op smaak met zout en peper en schep het gerecht in schaaltjes. Garneer met gehakte peterselie en serveer. (Voor een koolhydraatarme versie laat u de aardappels weg en vervangt u ze door extra groente, zoals courgette.)

Voor 4 personen

Bigos

1 savooienkool, fijn geschaafd
2 uien, gesnipperd
2 teentjes knoflook, gehakt
500 g kipfilet, in blokjes
2,5 dl kippenbouillon
2 wortels, geraspt
440 g zuurkool, afgespoeld en goed uitgelekt
2 laurierblaadjes
zeezout en peper, naar smaak
4 el gehakte verse peterselie, als garnering

Verwarm de oven voor op 180 °C. Vul een grote pan met water en breng dit aan de kook. Doe de savooienkool erbij en roer tot hij is geslonken. Laat goed uitlekken en knijp er zo veel mogelijk uit.

Sauteer de ui en knoflook in een koekenpan met anti-aanbaklaag in wat water of bouillon snel zacht en goudbruin. Doe de kip erbij en sauteer deze in wat bouillon bruin. Schep alles in een grote braadslee, voeg de savooienkool, wortel, zuurkool en laurierblaadjes toe en breng op smaak met zout en peper. Meng alles goed, dek de braadslee af met aluminiumfolie en zet hem 45-60 min. in de oven. Serveer warm, gegarneerd met peterselie.

Voor 4-6 personen

Geroerbakte paarse broccoli met gestoomde gele rijst

370 g jasmijnrijst
2,5 dl water
2,5 dl magere kokosmelk
snufje zout
mespuntje suiker
1 pandanblad (naar keuze)
2 uien, in ringen
3 teentjes knoflook, gehakt
2,5 dl groentebouillon
3 stronkjes paarse broccoli, schoongemaakt en gewassen
2 el zoutarme sojasaus

Doe rijst, water, kokosmelk, zout, suiker en het pandanblad in een pan en breng alles aan de kook. Roer één keer en dek de pan dan af. Draai het vuur laag en laat alles ca. 20 min. zacht koken tot de rijst zacht is. Haal de pan van het vuur en laat hem 5-10 min. staan. Verwijder het pandanblad.

Sauteer intussen in een koekenpan met anti-aanbaklaag de ui en knoflook snel goudbruin in wat bouillon. Doe de broccoli erbij en sauteer deze in 3 min. zacht. Voeg indien nodig meer bouillon toe. Doe de sojasaus erbij. Schep de rijst in kommen, leg de stengels paarse broccoli erop en serveer meteen.

Voor 4 personen

In limoensap en sojasaus gemarineerde makreelfilets met aardappel-waterkerspuree

4 makreelfilets à 180 g
4 el zoutarme sojasaus
sap van 2 limoenen
1 tl sesamolie
60 ml water
5 grote aardappels, geschild en in stukjes
1 tl zeezout
1,25 dl lichte kokosmelk
30 g waterkers, gehakt
2 el gehakte koriander
zeezout en versgemalen zwarte peper, naar smaak

Doe de makreel, de sojasaus, het limoensap en de sesamolie in een kom, meng alles en laat het in de koelkast 1 uur marineren.

Doe de aardappels in een pan en voeg koud water toe tot ze onderstaan. Doe het zeezout erbij, breng het water aan de kook en kook de aardappels in 30 min. zacht. Laat ze goed uitlekken. Schep de aardappels in de pan op laag vuur nog 1 min. om, zodat overtollig water verdampt. Pureer ze met de kokosmelk tot een gladde massa. Doe de waterkers en koriander erbij en breng op smaak met zout en peper.

Bak de makreel in een hete koekenpan met anti-aanbaklaag in wat olijfolie gaar. Schep wat puree op borden en leg de makreel erop. Serveer meteen.

Voor 4 personen

Risotto met sojabonen en paddestoelen

1 ui, gesnipperd
2 teentjes knoflook, gehakt
370 g kortkorrelige biologische zilvervliesrijst
1,5 l warme groente- of kippenbouillon
1 el gedroogd wakame-zeewier
90 g oesterzwammen, in plakjes
250 g champignons, in plakjes
150 g shii-takes, in plakjes
90 g judasoor, gehakt
120 g sojabonen uit blik
4 el gehakte koriander
2 el zoutarme sojasaus
2 lente-uitjes, in ringen
versgemalen zwarte peper, naar smaak

JUDASOOR *is verkrijgbaar bij goede groentewinkels en toko's.*

Sauteer de ui en knoflook in wat water snel bruin. Voeg de rijst toe en laat hem al roerend 1 min. koken. Doe de bouillon en wakame erbij en roer regelmatig met een houten lepel. Laat de rijst in 30-40 min. op laag vuur zacht worden en voeg indien nodig meer bouillon of water toe.

Sauteer intussen de paddestoelen in wat bouillon zacht. Meng de rijst, paddestoelen, sojabonen, koriander, sojasaus, lente-uitjes en zwarte peper en verdeel de risotto over kommen. Serveer meteen.

Voor 6 personen

Geroerbakte groenetheemie met paddestoelen en gepocheerde oesters

1 ui, gesnipperd

2 teentjes knoflook, gehakt

150 g oesterzwammen

150 g shii-takes, in plakjes

180 g groenetheemie, gekookt en uitgelekt

2 el wakame-zeewier, in heet water geweekt, uitgelekt en gehakt

1 tl sesamolie

1 el sojasaus

2,5 dl water

1,25 dl zoutarme sojasaus

60 ml mirin

12 oesters, zonder schelp

Sauteer de ui en knoflook in wat water snel zacht. Doe de paddestoelen erbij en sauteer ze zacht en goudbruin (voeg indien nodig extra water toe). Doe de mie, wakame, sesamolie en sojasaus erbij en verwarm alles goed.

Verwarm intussen het water, de sojasaus en mirin in een kleine pan. Doe de oesters erbij en pocheer ze 30 sec., tot ze warm zijn.

Verdeel de mie over twee borden en leg op elke portie zes oesters. Druppel er een beetje van het pocheervocht over en serveer meteen.

Voor 2 personen

Farfalle met groene groenten en ricotta

400 g farfalle (pasta)
220 g verse doperwten, gedopt
220 g verse tuinbonen, gedopt
250 g zachte magere ricotta
2 el witte wijn
2 el geraspte parmezaanse kaas
2 teentjes knoflook, geperst
1 el gescheurd basilicumblad
versgemalen zwarte peper
2 el gehakte walnoten

Kook de pasta in ruim kokend licht gezouten water bijna beetgaar. Doe de doperwten en tuinbonen erbij en laat nog 2 min. koken. Meng de ricotta met 60-65 ml van het kookvocht van de pasta en voeg dan de wijn, parmezaanse kaas en knoflook toe. Giet de pasta, doperwten en tuinbonen af en schep alles op een schaal. Doe het ricottamengsel, basilicum, de zwarte peper en walnoten erbij en meng alles. Serveer meteen.

Voor 4 personen

Stevige minestrone

1 ui, gesnipperd
2 teentjes knoflook, gehakt
125 g champignons, in plakjes
2 courgettes, in blokjes
2 grote wortels, in blokjes
1 stengel bleekselderij, in stukjes
100 g rode linzen
5 dl kippenbouillon
440 g gezeefde tomaten uit blik
150 g erwten
150 g maïs
zeezout en peper, naar smaak
4 el gehakte verse kruiden (zoals peterselie, basilicum)

Sauteer de ui, knoflook en champignons in wat water of bouillon snel zacht. Doe de courgette, wortel, bleekselderij, linzen, bouillon en tomaten erbij. Breng aan de kook en laat 30 min. zacht koken. Voeg de erwten en maïs toe en laat alles nog 5 min. zacht koken. Breng op smaak met zout en peper, roer de kruiden erdoor en serveer.

Voor 4 personen

Rood-gele paprikasoep

6 rode paprika', gehalveerd en zonder zaadjes en zaadlijsten
6 gele paprika's, gehalveerd en zonder zaadjes en zaadlijsten
1 ui, gesnipperd
1,5 l kippen- of groentebouillon
zeezout en versgemalen zwarte peper
knapperig zuurdesembrood en avocado, voor erbij

Verwarm de oven voor op 200 °C. Leg de halve paprika's met het vel naar boven op een met aluminiumfolie beklede bakplaat. Rooster ze 15-20 min. in de oven tot ze wat inzakken en het vel gerimpeld is. Haal ze uit de oven, laat ze afkoelen en verwijder het vel.

Sauteer de ui in wat water snel zacht. Pureer de rode paprika's in een keukenmachine met de helft van de bouillon en de helft van de ui tot een gladde massa. Breng op smaak met flink wat zout en peper en zet apart. Doe hetzelfde met de gele paprika's en de rest van de bouillon en ui. Warm beide soepen voor het opdienen apart op. Schep ze dan met twee soeplepels gelijktijdig in een kom, zodat de rode soep aan de ene kant komt en de gele aan de andere kant. Geef er met avocado besmeerd zuurdesembrood bij.

Voor 4 personen

Boekweitmie met shii-takes en gepocheerde zeeforel

1,5 l kippenbouillon
1 stengel citroengras, grof gehakt
1 tl gember, in plakjes
4 zeeforelfilets à 180 g
400 g boekweitmie
250 g shii-takes, in plakjes
3 lente-uitjes, in ringen
1 tl sesamolie
2 el sojasaus
2 el gehakte koriander
2 el wakame-zeewier, 5 min. geweekt in heet water en uitgelekt
ontkiemde peultjes en taugé, als garnering

Verwarm de bouillon, het citroengras en de gember. Laat alles 5 min. zacht koken zodat de smaken vrij kunnen komen. Voeg de zeeforelfilets toe en pocheer ze in 5 min. gaar.

Kook intussen de mie in ruim kokend licht gezouten water beetgaar. Bak de shii-takes in wat bouillon snel zacht. Laat de mie uitlekken en schep de shii-takes, lente-uitjes, sesamolie, sojasaus, koriander en wakame erdoor. Verdeel de mie over vier borden en leg op elke portie een gepocheerde forelfilet. Serveer meteen, gegarneerd met ontkiemde peultjes en taugé.

Voor 4 personen

Paella met zee-vruchten en kip

4 kipfilets, in blokjes
2 uien, gesnipperd
2 rode chilipepers, fijngesneden
4 teentjes knoflook, gehakt
4 tomaten, ontveld en gehakt
370 g arboriorijst
1¼ l warme kippenbouillon
2 tl paprikapoeder
½ tl saffraan
250 g gedopte doperwten
250 g maïskorrels
1 rode paprika, in blokjes
1 gele paprika, in blokjes
500 g rauwe garnalen, darmkanaal verwijderd en staart intact
1 kg mosselen, schoongemaakt en van baard ontdaan
scheutje witte wijn (naar keuze)
zeezout en peper, naar smaak
4 el gehakte verse peterselie

Verhit een diepe pan met dikke bodem 2 min. Sauteer de kip in wat bronwater goudbruin, voeg de ui, chilipeper en knoflook toe en sauteer alles nog 1 minuut. Doe de tomaten en rijst erbij, sauteer het geheel nog 2-3 min. en doe dan de bouillon, het paprikapoeder en de saffraan erbij. Dek de pan af en laat alles op laag vuur koken tot de rijst bijna gaar is. Schep de erwten, maïs, paprika en zeevruchten er voorzichtig door. Dek de pan af en laat alles zonder roeren koken tot de zee-vruchten gaar zijn en de rijst zacht is. Voeg indien nodig extra bouillon of wijn toe.

Roer de peterselie erdoor, breng op smaak met zout en peper en serveer de paella meteen.

Voor 8 personen

Magere courgettelasagne

2 uien, gesnipperd
3 teentjes knoflook, gehakt
2 kg courgettes, geraspt
4 lente-uitjes, in ringen
2 el gehakt vers bieslook
2 el gehakte verse peterselie
zeezout en peper, naar smaak
1 pakje verse lasagnebladen
250 g magere kaas, geraspt

Bechamelsaus

1 ui, gesnipperd
1 prei, fijngesneden
1 kg magere hüttenkäse
2,5 dl groentebouillon
zeezout en peper, naar smaak

groene salade, voor erbij

Verwarm de oven voor op 180 °C. Begin met de saus. Sauteer de ui en prei in wat water snel zacht. Doe ze in een keukenmachine of blender, voeg de hüttenkäse en groentebouillon toe en pureer alles tot een gladde massa. Breng op smaak met zout en peper.

Voor de vulling: sauteer de uien en knoflook in wat water snel zacht. Roer de geraspte courgette erdoor, voeg de lente-uitjes en kruiden toe en breng op smaak met zout en peper.

Maak de lasagne: verdeel wat bechamelsaus over de bodem van een ovenschaal. Dek de saus af met lasagnevellen en verdeel daar de helft van het courgettemengsel over; bestrooi met een derde van de geraspte kaas. Dek weer af met lasagnevellen en verdeel de rest van het courgettemengsel erover. Bestrooi weer met een derde van de geraspte kaas en leg er weer een laag lasagnevellen op. Verdeel de rest van de bechamelsaus erover en bestrooi die met het restant geraspte kaas. Bak de lasagne in ca. 45 min. goudbruin (dek hem af met aluminiumfolie als hij te bruin wordt). Serveer hem warm met een verse groene salade.

Voor 6-8 personen

Gestoomde pakketjes met een vulling van kip, maïs en spinazie

280 g mager kipgehakt
150 g gare maïs
250 g spinazie, gewassen, geblancheerd en fijngehakt
2 lente-uitjes, in ringen
1 tl sesamolie
2 el sojasaus, plus extra voor erbij
1 tl vissaus
1 pakje gow-geevellen
kleine blokjes paprika, als garnering

GOW-GEEVELLEN *zijn platte, ronde stukken deeg die op pasta lijken. Ze zijn vers en ingevroren verkrijgbaar.*

Doe het gehakt in een schaal, voeg de maïs, spinazie, lente-uitjes, sesamolie, sojasaus en vissaus toe en meng alles goed. Schep ca. 1 tl van het mengsel in het midden van elk gow-gee-vel. Vouw elk vel dubbel, zodat er halve cirkels ontstaan, en druk de randen stevig dicht. Leg de pakketjes in een stoommandje en stoom ze in ca. 7 min. gaar. Garneer met paprikablokjes en serveer met de extra sojasaus.

Voor 4 personen

Groenteburgers met krokante groentechips en tzatziki

180 g rode linzen
5 dl bronwater
zeezout en peper, naar smaak
1 courgette, geraspt
1 wortel, geraspt
2 lente-uitjes, in ringen
2 teentjes knoflook, gehakt
1 stengel bleekselderij, in kleine stukjes
2 el gehakte walnoten
2 el gehakte peterselie
2 eiwitten (van scharreleieren)
2 el tarwekiemen

Groentechips

2 zoete aardappels, gewassen en in partjes
2 wortels, in repen
2 pastinaken, geschild en in repen
2 middelgrote aardappels, gewassen en in partjes
1 el olijfolie
zeezout en peper
1 tl zoet paprikapoeder

portie tzatziki (zie pag. 158), voor erbij
verse blaadjes sla, voor erbij

Verwarm de oven voor op 200 °C. Maak de groentechips door alle ingrediënten over een grote bakplaat te verdelen en ze in 40 min. in de oven goudbruin te bakken.

Doe intussen de linzen en het water in een pan en breng dat aan de kook. Draai het vuur laag, dek de pan af en laat alles 30 min. zacht koken tot het water is opgenomen en de linzen gaar zijn. Laat ze afkoelen. Voeg de overige ingrediënten voor de groenteburgers toe en meng alles goed. Vorm er tien burgers van en bak die (in porties) in een koekenpan met anti-aanbaklaag in wat olijfolie snel goudbruin.

Serveer de groenteburgers met verse blaadjes sla, groentechips en tzatziki.

Voor 10 groenteburgers

vers

prikkelende fruitdesserts

Fruittaartjes met meloensalade

12-14 sneetjes brood, zonder korst
500 g aardbeien, in vieren
1 bakje (250 g) bosbessen
1 bakje (250 g) frambozen
2,5 dl rode wijn
250 g ruwe suiker
geraspte schil en sap van 1 citroen
geraspte schil en sap van 1 sinaasappel
2 tl gelatinepoeder

Meloensalade

1 suikermeloen, geschild en in plakken
60 ml Midori-likeur

Bekleed acht losse puddingvormpjes of kleine bekers met plasticfolie (de folie moet over de rand hangen). Bekleed de vormpjes zodanig met brood dat er geen gaten overblijven.

Doe fruit, rode wijn, suiker en rasp en sap van de citroen en sinaasappel in een steelpan. Roer alles op matig vuur 3 min. tot het sap uit de vruchten komt. Voeg de gelatine toe en roer tot die is opgelost. Vul de vormpjes met het vruchtenmengsel en dek de bovenkant af met een rondje brood dat precies past. Giet het overgebleven sap over de taartjes en vouw de folie aan de bovenkant dicht. Zet de taartjes op een schaal en leg er een zwaar bord op. Laat ze 4 uur of een hele nacht afkoelen.

Haal de taartjes uit de vormpjes en verwijder de folie. Snijd ze doormidden en leg de helften op de plakken meloen. Sprenkel er wat Midori over en serveer de taartjes meteen.

Voor 8 personen

Limoen-groenetheetiramisu

500 g magere kwark (of roomkaas)
150 g fijne suiker
1,25 dl limoensap
geraspte schil van 2 limoenen
1½ pakje gelatinepoeder met limoensmaak
1 tl groenetheepoeder
1 dl heet water
6 eiwitten (van scharreleieren), tot zachte pieken geklopt
1 pakje lange vingers
2,5 dl Midori-likeur
2 mango's, in plakken, als garnering

Doe kwark, suiker en limoensap en -rasp in een keukenmachine en pureer alles tot een gladde massa. Los het gelatine- en groenetheepoeder op in het hete water, voeg het kwarkmengsel toe en meng alles goed. Giet het kwarkmengsel over de opgeklopte eiwitten en schep alles rustig om tot het goed is gemengd. Bekleed een broodbakblik met plasticfolie.

Doop de lange vingers in de Midori-likeur en leg ze op de bodem van het bakblik. Giet er zo veel van het kwarkmengsel over dat de lange vingers net zijn bedekt. Verdeel er weer een laag in Midori gedoopte lange vingers over en giet daar weer een deel van het kwarkmengsel over. Ga zo door en eindig met een laag lange vingers. Laat de tiramisu een nacht in de koelkast opstijven. Garneer met plakken mango en geef er groenetheewafels bij.

Voor 10 personen

Groenetheewafels

80 g bloem
½ tl groenetheepoeder
1 tl limoenrasp
50 g poedersuiker
30 ml macadamianotenolie of druivenpitolie
1 eiwit (van een scharrelei)
1 el geraspt kokos

Verwarm de oven voor op 180 °C. Meng bloem, groenetheepoeder, limoenrasp, poedersuiker, macadamianotenolie en eiwit tot een glad mengsel. Spreid het met een metalen spatel of lepel dun uit over een vel vetvrij papier. Bestrooi het met het kokos en bak het in 8-10 min. in de oven goudbruin. Laat afkoelen en breek de wafel in stukken.

Peer-abrikoos-passievruchtcrumble

4 peren, zonder schil en klokhuis, in plakken
3 el water
2 el ruwe suiker
1 tl vanille-extract
vruchtvlees van 3 passievruchten
6 abrikozen, gehalveerd
90 g havervlokken
4 el ahornsiroop
1 el macadamianotenolie of druivenpitolie
1 el halve walnoten
magere vanilleyoghurt, voor erbij

Verwarm de oven voor op 180 °C. Doe de plakken peer, het water, de suiker en vanille in een steelpan en laat alles 5-8 min. koken tot de peer zacht is. Haal de pan van het vuur en doe de passievrucht en halve abrikozen erbij. Verdeel dit over vier vuurvaste schaaltjes en zet ze apart.

Meng de havervlokken, ahornsiroop, macadamianotenolie en halve walnoten. Strooi dit over de peren en bak ze in 20-30 min. in de oven goudbruin. Serveer warm met magere vanilleyoghurt.

Voor 4 personen

Sorbet van limoen, groene thee en citroen

500 g fijne suiker
5 dl bronwater
1 tl groenetheepoeder
1,9 dl citroensap
1,25 dl limoensap
geraspte schil van 2 limoenen

Doe de suiker en het water in een pan en breng dat aan de kook. Roer tot de suiker is opgelost en haal de pan van het vuur. Roer wat warm suikerwater door het groenethee-poeder en los het poeder op. Doe dan de rest van het suikerwater erbij. Roer het citroen- en limoensap erdoor, dan de limoenrasp. Giet het mengsel in een ijsmachine en volg de instructies van de fabrikant. Of giet het mengsel in een cakeblik en zet het 2½-3 uur in de vriezer tot het net hard begint te worden. Haal het uit de vriezer en klop het met een elektrische mixer tot een gladde massa. Zet het weer in de vriezer tot het hard is.

Voor 4 personen

Variaties

Gemengde vruchten

Maak het suikerwater zoals hiernaast beschreven. Pureer in een keukenmachine 500 g aardbeien, 250 g bosbessen en 250 g frambozen. Doe de helft van het suikerwater erbij en pureer weer tot een gladde massa. Giet het mengsel bij de rest van het suikerwater, voeg ¼ kop (60 ml) citroensap toe en meng goed. Maak vervolgens ijs zoals hiernaast beschreven.

Mango en passievrucht

Maak het suikerwater zoals hiernaast beschreven. Doe 500 g mango en 500 g passievrucht (beide in stukken gesneden) met de helft van het suikerwater in een keukenmachine. Pureer alles tot een gladde massa en voeg de rest van het suikerwater toe. Doe ½ kop (1,25 dl) limoensap erbij en meng goed. Maak vervolgens ijs zoals hiernaast beschreven.

Roze grapefruit en guave

Maak het suikerwater zoals hiernaast beschreven, maar gebruik de helft van de hoeveelheden. Roer er 2 koppen (5 dl) roze-grapefruitsap door en 2 koppen (5 dl) guavesap. Maak vervolgens ijs zoals hiernaast beschreven.

Aardbeien romanoff

2 bakjes (500 g) aardbeien, gewassen, zonder kroontjes en in vieren
3 el sinaasappellikeur (Cointreau of Grand Marnier)
2 el fijne suiker
sap van 1 sinaasappel
220 g suiker
1,25 dl bronwater
3 eiwitten (van scharreleieren)
500 g magere kwark (of roomkaas)
2 tl vanille-extract
sap en geraspte schil van 2 citroenen
gesuikerde rozenblaadjes, als garnering

Meng de aardbeien, sinaasappellikeur, fijne suiker en het sinaasappelsap en laat de vruchten 30 min. marineren. Doe de suiker en het water in een steelpan en breng dat aan de kook. Laat het suikerwater zonder te roeren koken tot de temperatuur 120 °C is. Gebruik een suikerthermometer; heeft u die niet, laat dan een paar druppels van de suikersiroop in een kopje koud water vallen. De klontjes moeten zacht, maar stevig aanvoelen.

Klop de eiwitten tot zachte pieken. Druppel de hete suikersiroop er langzaam bij en blijf kloppen tot alles goed is gemengd. Klop het mengsel 6-8 min. in snel tempo tot het is afgekoeld. Klop in een andere kom kwark, vanille en citroensap en -rasp tot een glad mengsel. Schep de eiwitten erdoor en maak nu de gesuikerde rozenblaadjes: bestrijk de blaadjes van een gewassen en gedroogde roos met wat losgeklopt eiwit, haal ze door fijne suiker en laat ze op een bord drogen.

Verdeel de aardbeien over glazen coupes en schep het eiwitmengsel erop. Garneer met rozenblaadjes en serveer.

Voor 8 personen

Gebakken steenvruchten in rode wijn

4 perziken, gehalveerd
4 pruimen, gehalveerd
4 abrikozen, gehalveerd
3,75 dl rode wijn
3 el fructose
½ tl kaneelpoeder

Verwarm de oven voor op 180 °C. Leg het fruit in vier vuurvaste schaaltjes, giet de rode wijn erover en bestrooi met fructose en kaneel. Bak het fruit in 15-20 min. zacht en goudbruin en serveer het warm.

Voor 4 personen

Rhapsody in blue

1 l bronwater
3,75 dl Blue Curaçao
1,25 dl citroensap
200 g fructose
8 stevige peren, geschild

Doe het water, de Blue Curaçao, het citroensap en de fructose in een pan. Breng aan de kook, leg de peren erin en dek de pan af met vetvrij bakpapier. Laat de peren op laag vuur 30-40 min. zacht koken, tot ze zacht zijn (test met een satéprikker). Laat ze in de siroop afkoelen en dan in de koelkast koud worden.

Voor 8 personen

In kamille gepocheerde nashi-peren met papajasalade

5 dl bronwater
60 ml zuivere honing
4 kamilletheezakjes
4 nashi-peren, geschild en in vieren
250 g verse papaja, in blokjes
sap van 2 limoenen
1 tl fructose

Doe het water, de honing en theezakjes in een pan en breng het aan de kook. Haal de pan van het vuur en laat de thee 10 min. trekken. Haal de theezakjes eruit en zet de pan weer op het vuur. Doe de nashi-peren erbij, leg een deksel losjes op de pan en laat de peren 10 min. op laag vuur koken, tot ze zacht zijn. Haal ze van het vuur en laat ze afkoelen en in de koelkast koud worden.

Meng intussen de papaja, het limoensap en de fructose. Schep de peren in schaaltjes, sprenkel er wat kookvocht over en leg er blokjes papaja op.

Voor 4 personen

Vers fruit in chardonnaysiroop

1 fles chardonnay
sap van 1 citroen
250 g fructose
1 vanillestokje, in de lengte gehalveerd
1 rijpe ananas, in blokjes
1 rijpe papaja, in blokjes
2 mango's, in blokjes
4 kiwi's, in plakjes
2 bakjes (500 g) aardbeien, gewassen en zonder kroontjes

Doe de chardonnay, het citroensap, de fructose en het vanillestokje in een pan en breng alles aan de kook. Laat zachtjes koken tot de suiker is opgelost en haal dan de pan van het vuur. Doe de stukjes fruit in een schaal en giet de warme siroop erover. Laat afkoelen en zet de schaal dan in de koelkast. Koud serveren.

Voor 10 personen

Koude ananas en papaja met kokoszabaglione

350 g ananas, in stukjes
350 g papaja, in stukjes
1 scharrelei
1 eiwit (van een scharrelei)
1 el fructose
1 tl vanille-extract
vruchtvlees van 2 passievruchten
60 ml kokoslikeur
60 ml magere kokosmelk

Meng de ananas en papaja en verdeel ze over vier glazen. Meng de rest van de ingrediënten in een roestvrijstalen kom en hang deze boven een pan kokend water. Klop het mengsel op tot het dik en romig is. Haal de kom van het vuur en schep het mengsel over het fruit. Serveer meteen.

Voor 4 personen

Gepocheerde perziken met ginseng, groene thee en limoen

6 rijpe perziken
1 l bronwater
3,75 dl zuivere honing
2 el Japanse groene thee, of 3 theezakjes
2 el ginsengthee, of 3 theezakjes
sap van 4 limoenen

Dompel de perziken 30 sec. in kokend water. Verwijder de velletjes en leg de perziken in een schaal ijswater. Doe het bronwater, de honing en de twee soorten thee in een pan en breng aan de kook. Haal de pan van het vuur en laat de thee 8-10 min. trekken. Giet het mengsel door een zeef in een schone pan en breng het aan de kook. Voeg limoensap en perziken toe, draai het vuur laag en laat alles 5 min. zacht koken. Haal de pan van het vuur, laat de perziken in de siroop afkoelen en dan in de koelkast koud worden.

Doe de perziken in glazen coupes, sprenkel de koude siroop erover en serveer.

Voor 6 personen

Trifle van rode vruchten en rode wijn

1 fles rode wijn (zoals Merlot)
100 g fructose
geraspte schil van 1 sinaasappel
geraspte schil van 1 citroen
2 kaneelstokjes
500 g aardbeien, gewassen en zonder kroontjes
1 bakje (250 g) frambozen
2 bakjes (500 g) bosbessen
5 dl magere vanilleyoghurt

Doe de wijn, fructose, sinaasappel- en citroenrasp en kaneelstokjes in een pan en breng alles aan de kook. Draai het vuur laag en laat het geheel 15-20 min. koken tot de wijn voor de helft is ingekookt. Haal de pan van het vuur. Doe de vruchten in een vuurvaste schaal en giet de hete siroop erover. Laat ze afkoelen tot kamertemperatuur en dan in de koelkast koud worden. Vul glazen coupes om en om met een laag vruchten en vanilleyoghurt, en eindig met de vruchten.

Voor 8 personen

Rode en witte gepocheerde peren

Rode peren

1 l ongezoet rodedruivensap
geraspte schil van 1 sinaasappel
6 stevige peren, geschild

Witte peren

1 l ongezoet appelsap
geraspte schil van 2 citroenen
6 stevige peren, geschild

Maak de rode en witte peren gelijktijdig, in twee aparte pannen. Doe het druivensap en de sinaasappelrasp in de ene pan en het appelsap en de citroenrasp in de andere. Breng beide aan de kook, draai het vuur laag, zodat de vloeistof nog zacht kookt. Doe in elke pan zes peren, dek de pan losjes af met een stuk vetvrij bakpapier en laat de peren 40 min. zacht koken, tot een satéprikker gemakkelijk in de peren kan worden gestoken. Haal de peren uit de hete vloeistof en zet ze apart. Laat het vocht zacht koken tot het tot de helft is ingedikt. Haal de pannen van het vuur, doe de peren er weer in en laat ze in de koelkast koud worden.

Snijd elke peer horizontaal in dikke plakken en leg de rode en witte plakken om en om op borden. Schep er wat van beide sauzen over en serveer meteen.

Varieer door het rodedruivensap te vervangen door 1 fles rode wijn en 1½ kop (375 g) fijne suiker, en het appelsap door 1 fles witte wijn en 1½ kop (375 g) fijne suiker.

Voor 6 personen

troost

kalmerende zoetigheden

Rabarbercrumble

4 stengels rabarber, in stukjes, zonder blad
2 appels, geschild en in stukjes
geraspte schil en sap van 1 sinaasappel
125 g ruwe suiker
2 el kokossnippers
2 el gehakte macadamianoten
6 el havervlokken
snufje kaneel
2-3 el zuivere ahornsiroop
2 tl macadamianotenolie of druivenpitolie
magere vanilleyoghurt, voor erbij

Verwarm de oven voor op 180 °C. Doe de rabarber, appels, het sinaasappelsap, de sinaasappelrasp en suiker in een pan en laat alles op laag vuur 10-15 min. koken tot rabarber en appel zacht zijn. Laat afkoelen en verdeel over vier vuurvaste schaaltjes. Meng de rest van de ingrediënten en strooi dit mengsel over de rabarber. Bak de crumble in 25-30 min. goudbruin en serveer hem warm met vanilleyoghurt.

Voor 4 personen

Appelstrudel

6 appels (Granny Smith), geschild en in blokjes
3 el ruwe suiker
2 el zuivere honing
snufje kaneel
snufje kruidnagelpoeder
geraspte schil en sap van 1 citroen
90 g vers broodkruim
2 el gemalen amandelen
6 vierkante vellen filodeeg van 15-20 cm
2 el macadamianotenolie of druivenpitolie
magere yoghurt, voor erbij

Verwarm de oven voor op 180 °C. Doe de appels, suiker, honing, specerijen, citroenrasp, het citroensap, broodkruim en de gemalen amandelen in een kom en meng goed. Leg twee vellen filodeeg op een bakplaat met anti-aanbaklaag en bestrijk ze licht met wat macadamianotenolie. Doe hetzelfde met de andere vier vellen filodeeg. Schep het appelmengsel midden op het deeg. Vouw het deeg eromheen zodat er een rol ontstaat met de naad beneden. Bestrijk de rollen met wat olie en bak de strudels 25 min., tot het deeg krokant en goudbruin is. Serveer ze warm met magere yoghurt.

Voor 6 personen

Kleverige rijstebrij met mango

180 g kortkorrelige rijst
5 dl water
snufje zout
1 pandanblad (naar keuze)
2-3 el fructose
1,8 dl magere kokosmelk
2 tl vanille-extract
1 mango, geschild en in parten

Doe rijst, water, zout en pandanblad in een pan, dek deze af en breng het water aan de kook. Draai het vuur laag en laat de rijst 15-20 min. koken, tot hij zacht is. Haal de pan van het vuur en roer de fructose, kokosmelk en vanille door de rijst. Laat hem 10-15 min. staan en serveer hem dan warm of koud met mango.

Voor 4 personen

Wortelcake met citroen-kwark-glazuur

3 wortels, geraspt
2 scharreleieren
4 eiwitten (van scharreleieren)
1 tl zout
2 tl vanille-extract
1,25 dl macadamianotenolie of druivenpitolie
2,5 dl appelmoes
375 g ruwe suiker
200 g ongezoete gemalen ananas
375 g biologisch volkorenmeel
375 g ongebleekt biologisch meel
2 tl bakpoeder
90 g walnoten
2 el havervlokken

Glazuur

500 g magere kwark (of roomkaas)
4-5 el fructose
geraspte schil van 1 citroen
2 el citroensap
gekonfijte stukjes gember, als garnering (naar keuze)

Verwarm de oven voor op 180 °C. Meng in een grote kom wortel, eieren, eiwitten, zout, vanille, olie, appelmoes, suiker en ananas. Schep het meel, het bakpoeder en de walnoten erdoor. Vet een bakblik in met macadamianotenolie en bestrooi de bodem en zijkanten met de havervlokken. Schep het wortelmengsel in het bakblik en bak de cake in 40-50 min. gaar. Laat hem 20 min. in het blik afkoelen en stort hem dan op een rooster.

Maak intussen het glazuur door alle ingrediënten tot een gladde massa te kloppen. Besmeer de cake met het glazuur of geef het erbij.

Voor 1 cake

Chocolade-bietencake met frambozensaus

6 grote eiwitten
270 g donkerbruine suiker
snufje zeezout
2 tl vanille-extract
5 dl rode wijn, op laag vuur ingekookt tot ½ kop (1,25 dl)
1,25 dl macadamianotenolie of druivenpitolie
400 g geraspte rode biet
250 g biologische bloem
2 tl bakpoeder
45 g cacaopoeder van goede kwaliteit
60 g fijngehakte paranoten
poedersuiker, om te bestuiven

Frambozensaus

500 g frambozen
sap van 2 sinaasappels
1 tl fructose

Verwarm de oven voor op 170 °C. Klop de eiwitten tot zachte pieken, voeg de suiker in kleine hoeveelheden toe en klop steeds goed door. Doe het zout en vanille-extract erbij en blijf kloppen tot de eiwitten licht, glad en luchtig zijn. Schep de ingekookte rode wijn, de olie, biet, bloem, het bakpoeder, cacaopoeder en de paranoten erdoor. Vet een bakblik in met wat macadamianotenolie en bestuif de bodem en zijkanten met cacaopoeder. Giet het mengsel in het bakblik en bak de cake 30-40 min. (Test of hij gaar is door er een satéprikker in te steken; als die er schoon uitkomt, is de cake gaar.) Laat de cake 15 min. in het bakblik afkoelen, stort hem op een rooster en laat hem afkoelen.

Maak intussen de saus door de frambozen met het sinaasappelsap en de fructose te pureren. Giet de saus door een vergiet. Bestrooi de cake met poedersuiker en serveer hem met de saus.

Voor 12 personen

Crème brûlée van banaan en passievrucht met mangosalade

1 grote banaan, gepureerd
sap van ½ limoen
170 g passievrucht op siroop uit blik
250 g zachte tahoe
1 el kokosmelkpoeder
1 el honing (naar keuze)
½ mango, geschild en in stukjes
2 el fijne suiker

Doe banaan, limoensap, passievrucht, tahoe, kokosmelkpoeder en honing in een keukenmachine en pureer alles tot een gladde massa. Verdeel de mango over twee vuurvaste schaaltjes, schep het banaan-passievruchtmengsel erop en dek af met plasticfolie. Zet de schaaltjes ten minste 1 uur koud weg. Bestrooi voor het opdienen de bovenkant met suiker en zet de schaaltjes 1 min. onder een hete gril tot de suiker is gekarameliseerd. Serveer meteen.

Voor 2-4 personen

Banaan in een honing-notenjasje

1 rijpe banaan, geschild
sap van 1 limoen
1 tl honing
2 tl geroosterde kokossnippers
1 el gehakte cashewnoten
1 el gehakte paranoten

Besmeer de banaan met het limoensap en daarna met de honing. Meng het kokos en de noten en rol de banaan door het mengsel. Snijd de banaan in vier flinke stukken en serveer ze zo of met magere yoghurt.

Voor 1 persoon

Omgekeerde citroen-bosbessensirooppuddinkjes

150 g biologische bloem
1 tl bakpoeder
snufje zout
100 g ruwe suiker
geraspte schil en sap van 1 citroen
2 el macadamianotenolie of druivenpitolie
60 ml magere kokosmelk
3,75 dl zuivere ahornsiroop
500 g bosbessen

Verwarm de oven voor op 180 °C. Doe bloem, bakpoeder, zout, suiker, citroenrasp en -sap, olie en kokosmelk in een kom en meng alles snel; zet het mengsel apart. Vet zes soufflévormpjes licht in met olie en giet in elk vormpje wat ahornsiroop. Verdeel de bosbessen over de vormpjes, schep het citroenmengsel erop en bak de puddinkjes in 25 min. goudbruin. Laat ze 5-10 min. afkoelen, stort ze en serveer ze.

Voor 6 personen

Limoen-kokosmuffins met pistachenotenkorst

180 g cornflakes
60 g kokossnippers
2 el pistachenoten
2 el cashewnotenpasta
2-3 el honing
1 blik (440 g) magere gezoete gecondenseerde melk
4 scharreleieren
1,6 dl limoensap
geraspte schil van 3 limoenen
4 eiwitten (van scharreleieren)
5 el fructose

Verwarm de oven voor op 165 °C. Doe de cornflakes, kokossnippers, pistachenoten, cashewnotenpasta en honing in een keukenmachine en pureer alles tot een plakkerig mengsel.

Bekleed tien muffinvormpjes met vetvrij bakpapier en verdeel het cornflakesmengsel over de vormpjes. Druk het aan zodat het de bodem en de zijkant tot halverwege bedekt. Maak uw handen nat als het mengsel te plakkerig is.

Voor de vulling: klop de melk en eieren tot een glad mengsel en voeg limoensap en -rasp toe. Giet het mengsel in de muffinvormpjes en bak ze 20-30 min. in de oven tot het mengsel is gestold.

Klop de eiwitten tot zachte pieken. Doe de fructose er in delen bij en blijf kloppen tot het mengsel glad en glanzend is en de fructose is opgelost. Schep dit mengsel op de muffins en bak ze in nog 10 min. goudbruin. Laat ze in de koelkast koud worden en serveer ze.

Voor 10 muffins

Pompoen-pecanmuffins

180 g cornflakes
45 g kokossnippers
2 el pecannoten, fijngehakt
2 el cashewnotenpasta
2-3 el honing
750 g pompoen, in stukken, geroosterd en afgekoeld
5 el zuivere ahornsiroop
sap en geraspte schil van 1 sinaasappel
2 tl vanille-extract
½ tl kaneel
½ tl nootmuskaat
3 eiwitten (van scharreleieren)
100 g verse dadels, in plakjes
pecannoten, als garnering

Verwarm de oven voor op 165 °C. Doe de cornflakes, kokossnippers, pecannoten, cashewnotenpasta en honing in een keukenmachine en pureer alles tot een plakkerig mengsel.

Bekleed tien muffinvormpjes met vetvrij bakpapier en verdeel het mengsel over de vormpjes. Druk het aan zodat het de bodem en de zijkant tot halverwege bedekt. Maak uw handen nat als het mengsel te plakkerig is.

Doe de pompoen, ahornsiroop, sinaasappelrasp, het sinaasappelsap, vanille-extract, de specerijen en eiwitten in een keukenmachine en meng alles goed. Bedek de bodem van de muffinvormpjes met plakjes dadel en schep daar het pompoenmengsel op. Garneer ze met pecannoten en bak ze 20-30 min. in de oven. Laat de muffins afkoelen en serveer ze.

Voor 10 muffins

Perziksoufflé met aardbeiencompote

150 g gedroogde perziken
2,5 dl water
3 el ruwe suiker
1 tl vanille-extract
3 eiwitten (van scharreleieren), tot zachte pieken geklopt

Aardbeiencompote
1 bakje (250 g) frambozen
sap van 2 sinaasappels
1 el fructose
1 bakje (250 g) aardbeien, gewassen en in partjes

Verwarm de oven voor op 180 °C. Doe perziken, water, suiker en vanille in een pan en laat alles 20 min. zacht koken tot het grootste deel van het vocht is opgenomen en de perziken sappig en volgezogen zijn. Pureer alles tot een glad mengsel en laat het afkoelen. Schep de geklopte eiwitten erdoor. Vet zes kleine soufflévormpjes in met olie en bedek de bodem en zijkant met een laagje suiker. Schep het perzikmengsel erin, zet de vormpjes in een ovenschaal en giet er water bij tot ze voor de helft onderstaan. Bak de soufflés in 15-20 min. opgeblazen en goudbruin.

Maak intussen de aardbeiencompote. Pureer de frambozen met het sinaasappelsap en de fructose. Schep de aardbeien erdoor en zet de compote. Serveer de perziksoufflé en geef de compote erbij.

Voor 6 personen

Stevige fruit-notenkoekjes

380 g gemengd gedroogd fruit (zoals abrikoos, peer, perzik)
60 g gehakte walnoten
60 g gehakte paranoten
2 el pompoenpitten
2 el zonnebloempitten
sap en geraspte schil van 1 sinaasappel
90 g kokossnippers

Doe alle ingrediënten behalve het kokos in een keukenmachine en meng alles. Vorm met uw handen van het mengsel bolletjes ter grootte van een koekje en rol ze met één helft door de kokossnippers. In een luchtdicht afgesloten doos blijven de koekjes in de koelkast 1 week goed.

Voor 30 koekjes

aqua

hydraterende, gezonde drankjes

Zuiveren en reinigen 150-151

· Kalmerende citroengrasthee · Hydraterend groen sap · Zuiverende punch

· Harmoniserend ontgiftingstonicum · Zuiverende verfrissing

· Krachtgevende dorstlesser · Energierijke kweekgras-shooter

Energie en levenskracht 152-153

· Oppeppend watermeloen-aardbeidrankje · Voedzame papaja-passievruchtdrank

· Verkwikkende krachtbron · Bionische mango-energiebron

· Verrijkende perzik-banaandrank · 'Braziliaanse' bananen-energiebooster

· Opwekkende ginseng-ijsthee

Weerstand en welzijn 154-155

· Zuiverende groene ijsthee met limoen · Opwekkende rodevruchtensangria

· Schoonheidstonicum · Oppeppende 'martini' met roze grapefruit en guave

· Versterkende pittige chili-tomaatdrank · Vitamine-antioxidantenbooster

Zuiveren en reinigen

Alle vruchten, groenten en kruiden in deze drankjes hebben een reinigende werking om giftige stoffen uit het lichaam te spoelen.

Kalmerende citroengrasthee

1 stengel citroengras, gehakt
2 l kokend bronwater

Doe het citroengras in een koffiepercolator of vuurvaste kan. Giet het kokende water erop en laat ten minste 15 min. staan. Serveer de thee warm, op kamertemperatuur of gekoeld.

Voor 2 personen

Hydraterend groen sap

2,5 dl vers appelsap
60 ml vers spinaziesap
60 ml vers waterkerssap
30 ml vers kweekgrassap

Meng de verse sappen en drink het drankje meteen.

Voor 1 persoon

Zuiverende punch

2,5 dl wortelsap
1,25 dl perensap
60 ml rodebietensap
1 tl geelwortelsap

Meng alle ingrediënten en drink het drankje meteen.

Voor 1 persoon

Harmoniserend ontgiftingstonicum

2,5 dl koud komkommersap
1,25 dl perensap
sap van 1 citroen
60 ml sap van groen paardebloemblad
1 tl muntsap
1 tl peterseliesap

Meng alle ingrediënten in een hoog, gekoeld glas en drink het drankje meteen.

Voor 1 persoon

Zuiverende verfrissing

1,25 dl rodebietensap
1,25 dl cranberrysap
60 ml kersensap
60 ml frambozensap
60 ml aloësap

Meng alle ingrediënten in een hoog, gekoeld glas en drink het drankje meteen.

Voor 1 persoon

Krachtgevende dorstlesser

2,5 dl rodedruivensap
1,25 dl appelsap
sap van 1 citroen

Meng de sappen en drink het drankje meteen.

Voor 1 persoon

Energierijke kweekgras-shooter

60 ml kweekgrassap

Pers het verse, groene gras uit en drink het sap meteen. (U kunt bakjes kweekgras bestellen bij de natuurvoedingswinkel of u het ook zelf kweken. Een grote bak is genoeg voor ca. een week.)

De jonge scheuten van tarwe noemen we kweekgras. Het bevat hoge concentraties chlorofyl, enzymen, vitaminen en mineralen.

Kweekgras is een van de rijkste bronnen aan vitamine A, maar het bevat ook vitamine-B-complex, vitamine C, vitamine E, calcium, kalium, ijzer, magnesium, fosfor, natrium, zwavel, zink en aminozuren.

Kweekgras is een krachtig zuiverend middel. Het chlorofyl zorgt ervoor dat gifstoffen die in de cellen van vetweefsel zijn opgeslagen in de bloedstroom komen, waarna ze op de normale manier door het lichaam worden uitgescheiden. U kunt het sap het beste op de nuchtere maag drinken. Het wordt in ca. 20 min. door het lichaam opgenomen, waardoor het een goed pepmiddel is. Door de voedingswaarde kan het de eetlust remmen. Bovendien kan kweekgras helpen tegen lichaamsgeuren en een slechte adem.

Energie en levenskracht

Deze drankjes zitten bomvol energie en kracht voor mensen die veel in beweging zijn.

Oppeppend watermeloen-aardbeidrankje

440 g gehakte watermeloen
½ bakje (130 g) aardbeien, gewassen en zonder kroontjes
1,25 dl vers appelsap
1 kop geschaafd ijs

Meng alle ingrediënten in een blender en serveer het drankje meteen.

Voor 1 persoon

Voedzame papaja-passievruchtdrank

220 g gehakte, geschilde papaja
2,5 dl vers sinaasappelsap
vruchtvlees van 2 passievruchten
½ kop geschaafd ijs

Meng alle ingrediënten in een blender tot een gladde massa en serveer het drankje meteen.

Voor 1 persoon

Verkwikkende krachtbron

2,5 dl guavesap
1 rijpe banaan
250 g aardbeien, gewassen, zonder kroontjes
½ kop geschaafd ijs

Meng alle ingrediënten in een blender tot een gladde massa en serveer het drankje meteen.

Voor 1 persoon

Bionische mango-energiebron

2,5 dl magere yoghurt, zoals biogarde
1 mango, geschild en in stukjes
½ kop geschaafd ijs

Meng alle ingrediënten in een blender tot een gladde massa en drink het drankje meteen.

Voor 1 persoon

Verrijkende perzik-banaandrank

1 banaan, geschild en in stukken
2,5 dl perziksap
½ mango, in stukjes
sap van 1 limoen
½ kop geschaafd ijs

Meng alle ingrediënten in een blender tot een gladde massa en serveer het drankje meteen.

Voor 1 persoon

'Braziliaanse' bananen-energiebooster

2,5 dl biologische magere sojamelk
1 rijpe banaan
1 el tarwekiemen
1 tl gemalen paranoten
1 tl honing
½ kop geschaafd ijs

Meng alle ingrediënten in een blender tot een gladde massa en drink het drankje meteen.

Voor 1 persoon

Opwekkende ginseng-ijsthee

1 el losse ginsengthee, of 3 theezakjes
5 dl heet gefilterd water
2 tl honing
2 limoenen, in partjes
1 kop geschaafd ijs, voor erbij

Doe de thee in een koffiepercolator en vul die met het hete water. Laat 10-15 min. trekken en giet de thee dan door een zeef in een vuurvaste kan. Roer de honing erdoor, laat afkoelen en in de koelkast koud worden. Vul glazen met licht uitgeknepen partjes limoen en ijs en giet de thee erbij.

Voor 2 personen

Weerstand en welzijn

Deze drankjes bevatten een bron aan antioxidanten die beschadigde cellen in het lichaam helpen repareren, ziektes tegengaan en het verouderingsproces vertragen

Zuiverende groene ijsthee met limoen

1 tl groenetheebladeren
2 el gehakte muntbladeren
sap en geraspte schil van 1 limoen
2 tl zuivere honing
5 dl kokend gefilterd water
1 kop geschaafd ijs, voor erbij

Doe de thee, munt, limoenrasp en honing in een koffiepercolator en giet het kokende water erop. Laat 10 min. trekken en giet de thee dan door een zeef in een vuurvaste kan. Laat 2 uur koud worden, voeg het limoensap toe en giet de thee over het ijs.

Voor 2 personen

Opwekkende rodevruchtensangria

5 dl rode wijn van goede kwaliteit (zoals Merlot)
5 dl vers appelsap
2,5 dl koolzuurhoudend mineraalwater
2 bakjes (250 g) gemengde vruchten (zoals aardbeien, bosbessen, frambozen)
geschaafd ijs, voor erbij

Meng in een kan de wijn, het appelsap en mineraalwater. Doe de vruchten en het ijs erbij en serveer de sangria meteen.

Voor 2 personen

Schoonheidstonicum

3 sinaasappels
2 guaves
1 bakje (250 g) aardbeien, gewassen en zonder kroontjes
200 g gehakte papaja
½ kop geschaafd ijs

Pers de sinaasappels en guaves uit. Doe het sap, de aardbeien, papaja en het ijs in een blender en meng alles glad. Serveer het drankje meteen.

Voor 1 persoon

Versterkende pittige chili-tomaatdrank

4 rijpe rode tomaten
1 rode paprika
¼ rode chilipeper, zonder zaadjes
1 teentje knoflook
partje citroen, voor erbij
zeezout, voor erbij (naar keuze)
geschaafd ijs, voor erbij
bleekselderij, als garnering (naar keuze)

Pers de tomaten, paprika, chilipeper en knoflook in een sapcentrifuge. Bestrijk de rand van een glas met citroen en doop hem in het zeezout. Doe het ijs in het glas en giet het sap erbij. Serveer het meteen, gegarneerd met citroen en bleekselderij.

Voor 1 persoon

Oppeppende 'martini' met roze grapefruit en guave

2 roze grapefruits
1 kop geschaafd ijs
1,25 dl guavesap
1 teentje knoflook, gepeld
schijfje grapefruit, als garnering

Pers de grapefruits uit en giet het sap in een met ijs gevulde cocktailshaker. Giet het guavesap erbij, roer 1 min. en giet het sap in een martiniglas met suikerrandje. Steek het teentje knoflook aan een cocktailprikker en leg hem in het glas. Garneer met een schijf grapefruit en drink het drankje meteen. Neem een paar slokjes sap, eet het teentje knoflook en drink het glas leeg.

Voor 1 persoon

Vitamine-antioxidantenbooster

2 wortels, gewassen
½ stronk broccoli
1 rode paprika
1 peer
60 ml kweekgrassap
½ tl gember

Doe alle ingrediënten in een sapcentrifuge en serveer het drankje meteen.

Voor 1-2 personen

Onmisbaar basisrecepten

Kippenbouillon

1 kg kippenbotten
3 l koud water
1 ui, grof gesnipperd
1 wortel, in grove stukken
1 stengel bleekselderij, in grove stukken
1 stuk kombu-zeewier van 10 cm
3 takjes peterselie
1 takje tijm
½ tl hele zwarte peperkorrels
1 tl zeezout
Voor 2 liter

Doe de botten en het water in een grote pan. (Voor een bruine bouillon moet u de kippenbotten eerst zeer bruin roosteren en ze dan in de pan doen.) Laat alles 2 uur zacht koken, voeg dan de overige ingrediënten toe en laat alles 1 uur zacht koken. Giet de bouillon door een fijne zeef en zet hem in de koelkast. (Laat hem na het zeven eventueel inkoken voor een krachtiger smaak.) Schep voor gebruik gestold vet van de bouillon. Bewaar de bouillon maximaal één week in de koelkast of vries hem in.

Variatie

Gebruik kalfsbotten in plaats van kippenbotten. Laat de bouillon dan 6-7 uur zacht koken en voeg indien nodig meer water toe.

Groentebouillon

2 l water
2 uien, gesnipperd
1 wortel, in stukjes
1 stengel bleekselderij, in stukjes
250 g champignons
1 stuk kombu-zeewier van 10 cm
scheutje witte wijn
½ tl zwarte peperkorrels
1 tl zout
Voor 2 liter

Doe alle ingrediënten in een grote pan en laat ze 1 uur zacht koken. Giet de bouillon door een zeef en laat hem afkoelen. (Laat hem na het zeven eventueel inkoken voor een krachtiger smaak.) Bewaar de bouillon maximaal 1 week in de koelkast of vries hem in.

Tomatensaus

2 uien, gesnipperd
2 teentjes knoflook, geperst
1 kg rijpe tomaten, ontveld en in stukjes, of 2 blikken gezeefde tomaten à 440 g
2 el tomatenpuree
1 tl ruwe suiker
zeezout en zwarte peper, naar smaak
5 dl kippen- of groentebouillon
4 el gehakte verse peterselie
Voor 1 liter

Sauteer de uien en knoflook in wat water snel goudbruin. Voeg tomaten, tomatenpuree, suiker, zout en peper en de bouillon toe en dek de pan af. Laat de saus 35-45 min. zacht koken tot hij dik en krachtig is. Roer de peterselie er vlak voor het opdienen door.

Groene currypasta

1 tl korianderzaadjes
20 kleine groene chilipepers
1 stengel citroengras, gehakt
geraspte schil van 2 limoenen
5 teentjes knoflook, geperst
2 lente-uitjes, in ringen
1 tl verse gember
1 tl versgemalen zwarte peper
Voor 1,25 dl

Verwarm de korianderzaadjes 1 min. in een pan zodat de smaak vrijkomt. Maal ze met de rest van de ingrediënten in een keukenmachine tot een gladde massa. Voeg wat limoensap of water toe als het te droog wordt. Luchtdicht afgesloten kan de currypasta maximaal een maand in de koelkast worden bewaard.

Rode currypasta

1 tl korianderzaadjes
10 rode chilipepers
1 stengel citroengras, gehakt
1 el gehakte verse gember
5 teentjes knoflook, geperst
geraspte schil van 2 limoenen
4 lente-uitjes, in ringen
2 tl versgemalen zwarte peper
Voor 1,25 d

Rooster de korianderzaadjes 1 min. in een droge pan met anti-aanbaklaag zodat de smaak vrijkomt. Doe ze met de rest van de ingrediënten in een keukenmachine en maal alles tot een gladde massa. Luchtdicht afgesloten kan de currypasta maximaal een maand in de koelkast worden bewaard.

Laksapasta

1 ui, gesnipperd
1 el gember, in stukjes
4 teentjes knoflook, gehakt
2 stengels citroengras, gehakt
4 rode chilipepers, zonder zaadjes, gehakt
1 el garnalenpasta (naar keuze)
2 tl gehakte verse kurkuma
1 tl korianderpoeder
1 tl komijnpoeder
Voor 60 ml

Doe alle ingrediënten in een keukenmachine en maal ze fijn. Afgesloten blijft de pasta in de koelkast vijf dagen goed en in de diepvries maximaal zes maanden.

Thaise vinaigrette

1,25 dl limoensap
1 el honing
1 teentje knoflook, geperst
1 el vissaus
1 rode chilipeper, gehakt
1 el gehakte koriander
Voor 1,25 dl

Meng alle ingrediënten in een schaal en gebruik het mengsel als dressing over salades en groenten.

Tzatziki

5 dl Griekse yoghurt
1 komkommer, zonder schil en zaadjes, in kleine blokjes
1 el citroensap
1 hele bol knoflook, geroosterd tot hij zacht is
zeezout en peper, naar smaak
4 el bieslook, gehakt
4 el koriander, gehakt
Voor 5 dl

Meng alle ingrediënten en zet de tzatziki tot gebruik in de koelkast (maximaal drie dagen).

Magere mayonaise

2,5 dl magere yoghurt
2 el gladde magere ricotta
3 el wittewijnazijn
1 tl dijonmosterd
zeezout en peper, naar smaak
Voor 3,75 dl

Doe alle ingrediënten in een keukenmachine en meng ze tot een gladde massa. Zet tot gebruik in de koelkast (maximaal drie dagen). Voor andere smaken kunt u een van de volgende ingrediënten toevoegen: gehakte verse kruiden, kappertjes, lente-ui (in ringetjes), geperste knoflook, tabasco, worcestersaus, ansjovis, wasabi.

Tarwevrij en glutenvrij deeg

180 g glutenvrije rijstvlokken of cornflakes
50 g kokossnippers
1 el zonnebloempitten
1 el pompoenpitten
2 el cashewnotenpasta
2 el honing
1 eiwit (van een scharrelei)

Doe alle ingrediënten in een keukenmachine en meng alles goed.
Het mengsel moet aan elkaar blijven plakken.
Gebruik het deeg naar wens. Laat voor een hartige deegkorst de honing weg en voeg 1 of 2 extra eiwitten toe.

Korstdeeg

220 g bloem
snufje zeezout
1 tl bakpoeder
40 g boter
125 g magere kwark (of roomkaas)
1 eiwit (van een scharrelei)
2 el water
50 g poedersuiker (naar keuze, voor zoet deeg)

Doe alle ingrediënten in een keukenmachine en meng alles tot het het deeg een bal vormt. Wikkel het in plasticfolie en laat het voor gebruik 1 uur in de koelkast staan.

register